Enrico Amedeo

UML

Imparare a descrivere sistemi orientati agli oggetti graficamente e in modo standard

Pocket

APOGEO

UML Pocket

Autore:
Enrico Amedeo

Socio Unico Giangiacomo Feltrinelli Editore s.r.l.
Via Natale Battaglia 12 - 20127 Milano (Italy)
Telefono: 02-289981 - Fax: 02-26116334
Email apogeo@apogeonline.com
U.R.L. www.apogeonline.com

ISBN: 978-88-503-2627-3

Redazione e impaginazione: liberipensieri.com
Copertina e progetto grafico: Enrico Marcandalli
Responsabile di produzione: Vitiano Zaini

Finito di stampare nel mese di Aprile 2007
da Legoprint - Lavis (TN)

Indice

Introduzione

UML è l'acronimo di Unified Modeling Language e definisce un insieme di convenzioni per la descrizione di sistemi software, principalmente orientati agli oggetti. Non siamo di fronte a un linguaggio di programmazione in senso classico; il risultato del processo che impiega UML non è il consueto programma software composto da un insieme di file di testo o di risorse. Diversamente, quello che si ottiene è un complesso di illustrazioni grafiche che evidenziano il funzionamento di un sistema e la sua struttura. L'elemento interessante da notare è che UML permette di descrivere il funzionamento di un sistema software sotto un ampio raggio di prospettive: dalla sua struttura statica a quella dinamica, dalla configurazione di installazione agli algoritmi o processi in esso implementati. Si noti dunque che un sistema software modellato con UML richiede a un certo punto di essere implementato con un linguaggio di programmazione per poter essere utilizzato concretamente.

UML è il risultato degli sforzi congiunti di alcune personalità importanti nel mondo della progettazione e analisi di sistemi a oggetti. Prima di questo standard infatti esistevano diversi sistemi di modellazione a oggetti: l'OMT di James Rumbaugh, il metodo Booch di Grady Booch e l'OOSE di Ivar Jacobson. Il punto di svolta si ebbe alla metà degli anni '90, quando questi tre eminenti esperti furono assunti da Rational Software Corporation con l'obiettivo di fondere gli elementi migliori dei propri sistemi di modellazione in uno standard unico.

Si riteneva che OMT fosse più forte dal lato analisi, mentre il metodo Booch fosse più indicato per la progettazione. A questi due standard fondamentali si è aggiunto poi il contributo di OOSE, soprattutto in merito alla gestione dei requisiti.

Il risultato dei primi anni di rielaborazione di questi standard di modellazione fu quindi proposto nel 1996 a OMG per la standardizzazione, sotto il nome attuale di Unified Modeling Language. Lo standard passò poi attraverso una serie di modifiche, fino all'attuale versione 2.0, i cui elementi essenziali sono stati rilasciati al grande pubblico nell'ottobre del 2004.

Scopo del libro

Lo scopo di questa breve guida è quella di illustrare gli elementi fondamentali di UML mettendo rapidamente in grado il lettore di realizzare i diagrammi per rappresentare un qualsiasi sistema software. L'elemento fondamentale di UML è che si tratta di una famiglia di rappresentazioni grafiche, quindi il testo fa largo uso di illustrazioni per esemplificare la sintassi del linguaggio.

Prerequisiti

Il testo descrive come produrre diagrammi grafici che rappresentano sistemi software a oggetti. È quindi necessario che il lettore conosca almeno un linguaggio per la programmazione orientata agli oggetti, come per esempio Java, C++, C# o Visual Basic .NET. Nel caso fosse necessario al lettore, questo stesso editore dispone di altri libri di questa collana che illustrano le caratteristiche di questi linguaggi.

Nel testo i listati non rivestono quindi un aspetto preminente, ma quando si rende necessario per chiarificare quanto esposto, vengono utilizzati e codificati attraverso il linguaggio Java.

A parte questi rari esempi in codice, è necessario sottolineare che la cosa fondamentale è che il lettore abbia una certa familiarità con la programmazione orientata agli oggetti.

Il testo inoltre illustra la relazione tra il processo di sviluppo e UML, descrivendo l'interazione tra questi due elementi. È utile quindi avere una qualche idea di processo di sviluppo, sia esso waterfall, iterativo o agile.

Contenuti

In questa breve guida sono condensati tutti gli elementi fondamentali della sintassi e delle convenzioni necessarie a utilizzare UML per realizzare con successo rappresentazioni grafiche di un sistema a oggetti. Il testo si articola nei seguenti capitoli.

1. **UML e processo di sviluppo.** Per poter inserire UML nella corretta prospettiva è prima necessario introdurre gli elementi essenziali legati alla progettazione del software, come descrivere le principali tipologie di processi di sviluppo. Dopo una breve introduzione, si vedrà quindi come UML può intervenire nelle diverse tipologie di processi ed in che tempi.

2. **Diagrammi di classe**. La prima tipologia di diagramma illustrata mostra come rappresentare l'elemento fondamentale di un sistema a oggetti: la classe. Si vedrà come UML consente in modo semplice e intuitivo di disegnare graficamente questi elementi.

3. **Diagrammi di sequenza**. Un elemento fondamentale in un programma a oggetti è che le classi interagiscono tra di loro per portare a compimento un'operazione. Questo capitolo descrive il diagramma UML che permette di rappresentare questa interazione.

4. **Diagrammi di package**. Molto simili ai diagrammi di classe, questa tipologia di rappresentazione consente di produrre una vista di insieme del sistema software, descrivendo la struttura statica e le relazioni tra diversi gruppi di classi.

5. **Diagrammi dei casi d'uso**. Una volta descritti approfonditamente i diagrammi di classe e di sequenza il lettore è in effetti in possesso degli elementi principali e più utilizzati di UML. È dunque possibile passare alla creazione della rappresentazione di un proprio software. Ma nelle fasi iniziali, quando si definiscono i requisiti di sistema, entra in gioco un'altra tipologia di diagramma, i casi d'uso, che permette in modo semplice di raffigurare i requisiti e le relazioni tra di essi.

6. **Diagrammi dei componenti**. Se una classe è l'elemento di base, il mattoncino che viene utilizzato per costruire il sistema software, il componente può essere pensato come un prefabbricato, e cioè un insieme di elementi di base che offre un semilavorato già pronto. Spesso è utile osservare un sistema software dal punto di vista dei suoi elementi compositivi, e delle relazioni che intervengono tra questi.

7. **Diagrammi di deploy**. Il termine deploy può essere tradotto in italiano, come "installazione". Questo tipo di diagrammi illustra quali sono gli elementi fisici di un sistema software. Per esempio vengono descritti i file che lo compongono (per esempio .exe, .xml o .ear) e le macchine fisiche su cui girano, oltre ovviamente alle relazioni che intervengono tra questi.

8. **Diagrammi degli oggetti.** Fino a questo punto del libro abbiamo considerato il sistema software dal punto di vista statico, e quindi in termini di classi. Ma quando il programma prende vita queste vengono instanziate, e da loro vengono creati gli oggetti. È utile quindi anche avere una prospettiva dal punto di vista dinamico delle interazioni tra gli oggetti del sistema.

9. **Diagrammi macchina a stati.** Restando sempre nell'ambito runtime, un altro elemento fondamentale che caratterizza un sistema software è la gestione di un qualche tipo di stato, come per esempio può essere quello di un ordine in un sistema di e-commerce (può essere vuoto, con prodotti, in completamento, ordinato, spedito ecc.). UML dispone di un diagramma anche per rappresentare questo aspetto del software.

10. **Diagrammi di attività.** Se conoscete i diagrammi di flusso conoscete anche i diagramma di attività. Anche se lo stile grafico è differente da quello utilizzato nel classico diagramma di flusso, il concetto alla base dei diagrammi di attività è il medesimo. Si tratta dunque di rappresentare il flusso operativo di una parte del sistema software, o più in generale quello di modellare un algoritmo.

11. **Diagrammi di comunicazione.** I diagrammi di comunicazione servono per evidenziare le informazioni scambiate tra i partecipanti, a differenza dei diagrammi di sequenza, che enfatizzano la sequenza di operazioni.

12. **Diagrammi di temporizzazione.** Con UML 2.0 sono state introdotte diverse modifiche e nuovi diagrammi. Come i diagrammi delle attività sono la riproposizione standardizzata dei diagrammi di flusso, anche i diagrammi di temporizzazione non sono altro che la riproposizione di un modo classico di rappresentare i segnali digitali.

13. **Diagrammi di interazione generale.** I diagrammi di interazione generale servono per offrire una panoramica ad ampio raggio dell'interazione tra i diversi partecipanti di un sottosistema o applicazione. La particolarità di questi diagrammi è che non introducono alcun elemento grafico nuovo, ma reimpiegano quelli descritti nei precedenti capitoli.

14. **Diagrammi di composizione.** I diagrammi di composizione, permettono di descrivere la struttura interna di componenti, ma anche di altri elementi, come classi e casi d'uso. Inoltre, offrono alcuni elementi grafici per descrivere la relazione di collaborazione tra componenti o classi.

A completamento del testo sono presenti tre appendici:

A. **Evoluzione di UML.** Questo standard è il risultato di molti anni di studio da parte di diversi esperti del settore. In questo appendice vengono riassunti gli elementi fondamentali della sua evoluzione.

B. Object Constraint Language. UML 2.0 dispone di un linguaggio di specifica formale per l'indicazione dei vincoli, l'Object Constraint Language, abbreviato in OCL, che viene illustrato in questo appendice.

C. Risorse. In questo breve appendice viene presentata una breve selezione di risorse online per approfondire la conoscenza di UML.

Software di supporto

I diagrammi UML sono rappresentazioni grafiche, quindi richiedono un qualche strumento software per poter essere create. Sebbene sia possibile utilizzare strumenti come Visio, o anche Paint, per produrre diagrammi, questi programmi non rappresentano il massimo della comodità, in quanto non sono progettati specificamente per realizzare diagrammi UML. Il rischio è dunque quello di sprecare molto tempo nella fase di disegno grafico rispetto al tempo dedicato allo sviluppo dei contenuti dello stesso. Fortunatamente sono presenti molti strumenti dedicati a UML, alcuni dei quali sono in fase di integrazione con i più noti ambienti di sviluppo. Strumenti standalone molto noti sono Rational Rose di IBM e Together di Borland.

Un noto strumento open source è ArgoUML, che include il supporto ai diagrammi standard della versione 1.4 (`http://argouml.tigris.org/`). Gira su qualsiasi piattaforma Java ed è disponibile in dieci lingue.

ArgoUML non è però l'unico strumento per UML esistente, ne sono infatti disponibili un discreto numero, per molte piattaforme. Questa pagina di Wikipedia ne fornisce un buon elenco: `http://en.wikipedia.org/wiki/List_of_UML_tools`.

Autore

Enrico Amedeo è SUN Certified Enteprise Architect for Java Platform 2 Enterprise Edition Technology. Attualmente lavora come senior developer presso una importante software house. Per Apogeo è co-autore di "C#" e "Visual Basic 2005 Express Edition", entrambi editi nella collana "Pocket".

L'autore desidera ringraziare la sua dolce metà, che ha avuto la pazienza di sopportarlo durante la stesura di questo testo, e che non ha voluto, e mai ha pensato, di chiudere le porte ai suoi sogni.

Convenzioni utilizzate nel libro

Nel libro sono presenti alcune icone che identificano tipi particolari di informazioni relative agli argomenti trattati.

Nota *Una nota contiene informazioni interessanti, talvolta tecniche, relative all'argomento trattato. Riporta anche approfondimenti e curiosità.*

Suggerimento *Questa icona contrassegna spunti e consigli per risparmiare tempo ed evitare confusioni, come per esempio il modo più semplice per eseguire una determinata operazione.*

Attenzione *Accanto all'icona di attenzione sono riportate indicazioni da non trascurare per evitare le difficoltà in cui gli utenti, soprattutto alle prime armi, possono imbattesi.*

Terminologia *Questa icona segnala e spiega termini nuovi o poco familiari.*

Capitolo 1

UML e processo di sviluppo

Come accennato nell'introduzione, UML è una famiglia di rappresentazioni grafiche che possono essere utilizzate per descrivere sistemi software, e in modo particolare sistemi orientati agli oggetti. Per quale motivo è consigliabile utilizzare rappresentazioni grafiche di sistemi software? Per rispondere a questa domanda non può che tornare alla mente il vecchio detto: "un'immagine vale più di mille parole". Questo adagio della saggezza popolare sorprendentemente è valido anche per le recenti tecnologie informatiche orientate agli oggetti. Un'immagine è, infatti, in grado di trasmettere, con un colpo d'occhio, una quantità significativa d'informazioni, che richiederebbero ben altro sforzo per essere estratte da un listato. Un diagramma, inoltre, è più compatto, quindi può contenere in meno spazio più informazioni rispetto al listato, anche se non può arrivare allo stesso livello di dettaglio.

Un diagramma di classe è in grado di indicare quali classi compongono un sottosistema e che relazioni ci sono tra di loro. Può indicare gli attributi e i metodi presenti, come la loro firma. Non entra nel dettaglio dell'implementazione degli algoritmi implementati, ma per quello si può far riferimento a un altro diagramma, quello di sequenza. Disegnando quindi più diagrammi è possibile nei diversi casi descrivere le varie caratteristiche del sistema, utilizzando un dettaglio di livello variabile. Siamo di fronte a una classe importante che dobbiamo descrivere dettagliatamente? Possiamo completare il diagramma con tutti i modificatori (per esempio astratta, concreta, interfaccia), gli attributi e i metodi (con relativa firma) necessari. Abbiamo invece un sottosistema dove l'importante è descrivere la relazione tra le entità, ma non dettagliarne ogni aspetto? Possiamo omettere i dettagli non necessari e concentrarci sugli aspetti di relazione tra le classi.

Il bello di UML è la flessibilità, che permette di applicare lo standard nel modo più opportuno per il problema che si deve affrontare: quando tracciamo un diagramma UML non stiamo realizzando effettivamente un sistema software, non è dunque necessario che ogni cosa sia al suo posto. Diversamente, quando si realizza un programma, ogni dettaglio deve essere al posto giusto, altrimenti questo non funziona.

Si noti che UML può essere anche utilizzato come linguaggio di programmazione, disegnando diagrammi che si estendono fino al massimo dettaglio. Di questo si parlerà più avanti.

Un altro aspetto da evidenziare è il fatto che UML è uno standard internazionale universalmente riconosciuto. Cosa significa questo, all'atto pratico? Si potrebbe decidere infatti di descrivere o progettare il proprio sistema software utilizzando una serie di regole e convenzioni maturate all'interno della propria azienda o gruppo di lavoro. Procedere in questo senso però può portare ad alcuni problemi: per esempio, la convenzione inventata da voi potrebbe non essere così esaustiva, completa o corretta. Errare è umano e anche agli autori di UML sono serviti anni di esperienza per arrivare alla formalizzazione di questo standard. Dopo la versione iniziale, lo sviluppo UML è passato a un gruppo di lavoro. La versione attuale è dunque il risultato del lavoro di diverse persone distribuite su tutto il globo. Sicuramente UML costituisce il sunto dell'esperienza e dell'ingegno di numerose persone. Oltre alla solidità, l'elemento importante di UML è che è uno standard assodato e pubblicato, quindi un alto numero di persone lo conoscono (come il lettore, quando sarà giunto al termine di questo libro). Questo aspetto è importante per la *comunicazione* delle informazioni.

Per esempio, se un architetto software in Italia realizza una serie di diagrammi UML per descrivere un sottosistema che intende sviluppare e lo passa a un programmatore in India per l'implementazione, può essere sicuro che questi produrrà una realizzazione conforme a quanto richiesto.

Più precisamente, l'architetto sarà sicuro che non ci sono problemi di interpretazione del proprio diagramma: tutte le informazioni inserite nei disegni hanno una interpretazione univoca.

Ovviamente con questo non si vuol sostenere che l'utilizzo di UML permette di rimuovere qualsiasi potenziale problema in merito allo sviluppo off-shore. La buona riuscita di un progetto è comunque legata ad almeno due aspetti: la completezza e precisione del diagramma e la competenza in campo UML degli attori coinvolti. È ovvio che se l'architetto sbaglia a disegnare un diagramma, avrà un risultato inatteso rispetto alle sue aspettative, anche se quanto realizzato è perfettamente conforme alle specifiche. Più banalmente, se il programmatore non conosce molto bene UML sarà possibile che interpreti male i diagrammi e produca del codice difforme o non funzionante.

L'utilizzo di diagrammi UML per la comunicazione di informazioni non è limitato all'ambiente della produzione del software. Può interessare altre figure oltre gli architetti, gli sviluppatori, i programmatori, i collaudatori e i sistemisti. I diagrammi UML possono essere infatti un efficace ponte di accesso al mondo funzionale ed essere impiegati per formalizzare i requisiti dell'utente, per definire caratteristiche ad alto livello sia strutturali che di processo utili agli analisti funzionali e agli utenti per formalizzare e capire il sistema software che desiderano far sviluppare.

Ovviamente in questo caso si prediligeranno tipologie di diagrammi UML più vicini a questo mondo, come i casi d'uso o i diagrammi di attività. L'utilizzo di UML sarà a un livello più astratto, ma ancora una volta la standardizzazione sarà l'elemento che riuscirà a far comunicare persone con competenze diverse: il mondo funzionale con quello tecnico.

Uno standard, tanti impieghi

Se diverse tipologie di persone possono utilizzare UML, è anche vero che questo può essere impiegato a un livello di approfondimento diverso. Questo aspetto è già stato accennato in precedenza, ma ora verrà dettagliato meglio. Inoltre, UML può essere impiegato in diverse fasi dello sviluppo.

UML per programmare

Iniziamo con il considerare cosa significa utilizzare UML per la programmazione. Questo livello di utilizzo dello standard è quello più dettagliato possibile, dove il diagramma può essere considerato proprio come un codice sorgente. La realizzazione di diagrammi a questo livello di dettaglio è possibile solo mediante strumenti specifici, in quanto produrli a mano sarebbe un impegno veramente eccessivo. Strumenti che supportano questo tipo di approccio sono elencati nell'introduzione.

Programmare in UML si traduce a livello pratico nella creazione di diagrammi che vengono in automatico tradotti in codice, utilizzando il linguaggio di programmazione scelto. Molti degli strumenti software oggi disponibili offrono questo tipo di traduzione in tempo reale: non appena viene tracciato qualcosa nell'ambiente di disegno, immediatamente viene prodotto il codice relativo. Inoltre, dispongono anche del meccanismo inverso: una modifica al codice sorgente si traduce automaticamente in una variazione al diagramma, anche se a livello grafico sarà necessaria una rielaborazione per disporre in modo aggraziato gli elementi del diagramma.

In questo modo si realizza un nuovo tipo di *programmazione visuale*, dove il codice viene realizzato prima o con il supporto di UML.

Per "programmazione visuale" solitamente si intende quella funzionalità, implementata a partire dagli anni '90, negli strumenti software che permettono di disegnare interfacce utente attraverso un ambiente dedicato, invece che attraverso il codice. L'esponente più illustre di questa classe di strumenti è stato Visual Basic, come lo è oggi Visual Studio, oppure JBuilder o NetBeans, per citare l'universo Java.

Questo tipo di programmazione "a due vie" è efficace per saltare quando serve da una visione piatta a livello di codice a una rappresentazione di insieme, solitamente prodotta in diagrammi di classe e di sequenza.

Un vantaggio di questo modo di procedere è che il diagramma UML sarà sempre in sincrono con il software. Non potranno esserci difformità in quanto lo strumento di sviluppo mantiene automaticamente in sincrono codice e diagrammi, che non sono altro che rappresentazioni diverse di una stessa cosa.

UML per progettare

Un altro modo di utilizzare UML è quello di progettare un sistema software, un componente o un'applicazione. In questo caso, prima della fase di codifica, l'architetto o analista di sistema produce un progetto del sistema a partire dai requisiti tecnici e funzionali dello stesso. In questo modo, si può avere un'idea abbastanza chiara della forma che assumerà il sistema software, prima che questo venga sviluppato.

Gli strumenti software a supporto di questo tipo di impiego di UML sono gli stessi descritti nel paragrafo precedente, perché anche in questo caso è necessario specificare una discreta mole di informazioni, anche se, a questo livello, è possibile dettagliare meno certe aree del software, lasciando al programmatore il compito di realizzarle. Per esempio, nel caso sia necessaria una particolare struttura dati non presente nelle librerie di base del linguaggio utilizzato, si può specificarne la presenza e le caratteristiche a livello di progetto, ma lasciare i dettagli strutturali interni al programmatore.

Il progetto UML del sistema software viene quindi passato dall'analista o architetto al gruppo di sviluppo per la sua implementazione.

Quanto passato può essere più o meno completo. Alcuni modi di agire sono i seguenti:

1. nei diagrammi forniti sono presenti tutti gli elementi necessari alla realizzazione del software, evitando di lasciare ai programmatori l'incombenza di inventare parti importanti o sostanziali del software.
2. Il progetto si concentra solo su determinati sottosistemi del software, probabilmente quelli più importanti, approfondendone le interfacce e la struttura.
3. Il progetto definisce le interfacce di comunicazione tra tutti i sottosistemi del software, ma non entra nel dettaglio di alcuno di questi, la cui implementazione è lasciata alla fantasia e all'estro del programmatore.

L'impiego di UML per definire il progetto del sistema è un ottimo modo per anticipare possibili incongruenze nelle scelte architetturali e portarle immediatamente in evidenza, per una loro pronta soluzione. Per esempio, descrivendo le interfacce appare evidente l'insieme di dati trattato da un sottosistema, rendendo possibile un immediato incrocio con quanto richiesto da un'altra parte del programma.

La disponibilità di un progetto più o meno dettagliato da parte dei programmatori, inoltre, semplifica notevolmente la fase di implementazione e consente di anticipare per quanto possibile eventuali problematiche di riutilizzo del software. In questo caso infatti l'architetto di sistema può progettare il sistema in modo da rendere riutilizzabili determinati componenti, in funzione della sua più ampia visione del progetto.

La presenza del progetto UML del sistema software ha inoltre un certo impatto sulle fasi successive del ciclo di vita dello stesso, soprattutto in merito alle fasi evolutive e manutentive. Le successive modifiche al sistema vengono dunque agevolate dalla presenza di un progetto UML, che può essere utilizzato come riferimento di progetto, al posto della memoria degli sviluppatori coinvolti. Questi ultimi, inoltre, vedono la loro attività semplificata: spesso in fase di modifica è necessario riverificare il funzionamento del software, in quanto è difficile ricordarsi ogni aspetto implementativo dello stesso, soprattutto per sistema di medie/grandi dimensioni. Con un progetto UML a disposizione non è necessario rianalizzare il codice per ricostruire il funzionamento del software.

Per concludere, si noti che l'utilizzo di UML a questo livello di dettaglio non solo permette di produrre il progetto del sistema (in letteratura questo si identifica come *forward-engineering*), ma anche di produrre la documentazione di un sistema già esistente.

Può capitare infatti che sia necessario manutenere o, per altri motivi, documentare un sistema software già esistente. In questo caso è possibile produrre il progetto a partire dal codice, svolgendo un'attività detta di *reverse-engineering*. Il risultato di questa attività è la produzione di un insieme di diagrammi che dettagliano ogni aspetto del software e che agevolano una sua più completa e profonda comprensione.

UML per analizzare

L'utilizzo più leggero di UML è quello che porta alla realizzazione di bozze, schemi scarsamente dettagliati e prodotti al volo, come supporto della fase di analisi del sistema. In fase di realizzazione di un sistema software è possibile creare bozze di parti essenziali dello stesso, magari come elemento di supporto al lavoro di gruppo. Anche in quest'ambito si evidenzia l'importanza di UML come standard: il fatto che questo sia noto agli attori coinvolti (analisti, architetti, programmatori senior) consente di essere utilizzato come mezzo per lo scambio di informazioni e la formalizzazioni di ipotesi di soluzione.

L'utilizzo di UML per la creazione di bozze porta alla produzione di diagrammi informali, che hanno come obbiettivo principale l'espressività e non la completezza. È quindi importante cogliere gli elementi essenziali di un determinato contesto, come per esempio la soluzione a un particolare problema, piuttosto che perdersi in un dettaglio esaustivo di ogni elemento del sistema. È un utilizzo molto pragmatico e pratico.

Una situazione classica dove si impiega UML in questo modo è in sala riunioni, insieme ai colleghi davanti a una bella lavagna, dove di volta in volta si disegnano, correggono, modificano diagrammi UML relativi alla parte di sistema che si sta discutendo, in funzione dei suggerimenti e delle indicazioni del gruppo di lavoro.

La bozza può essere utilizzata per descrivere ipotesi di soluzione, ma anche per rappresentare il funzionamento di determinate parti del sistema che già realizzate. Nell'ambito del *reverse-engineering* è possibile raccontare in modo immediato il funzionamento di una parte del software ed il tipo di relazioni che esistono tra i diversi elementi costitutivi.

Una questione di prospettiva

Nei paragrafi precedenti si è parlato di UML principalmente in una prospettiva software. I vari impieghi possibili di questa tecnologia sono stati discussi in relazione alla creazione di un sistema software.

Ma è stato accennato anche che UML può essere utilizzato per trattare informazioni funzionali, per creare diagrammi che esplorano requisiti e argomenti legati al mondo reale. Questa è un modo diverso per osservare il sistema, una prospettiva *concettuale*.

Per esempio è possibile utilizzare UML per approfondire gli elementi che sono propri di domini funzionali, come finanziamenti bancari, ordini e fatturazione o gestione di magazzino.

In questi ambiti funzionali è possibile impiegare UML per formalizzare un vasto insieme di diagrammi. Solo a titolo di esempio, si può pensare di creare un diagramma di classe per descrivere gli elementi costitutivi di un finanziamento, ben sapendo che le classi software che lo implementeranno nel sistema reale potranno essere in qualche misura diverso. Un'altra possibilità è quella di utilizzare i diagrammi di attività per formalizzare i processi funzionali (di business) legati all'erogazione di un finanziamento o per l'ingresso/uscita di merci da un magazzino.

Meno è meglio

Quando si parla di UML è utile mantenere un "approccio Zen" ai diagrammi che ci si appresta a disegnare. È importante infatti mantenerli semplici ed espressivi, includendo solo gli elementi essenziali che si intende comunicare. È perfettamente inutile perseguire la completezza fine a sé stessa: il risultato potrebbero essere diagrammi molto complessi e quindi illeggibili.

Un aspetto essenziale di UML è che *la mancanza di informazioni non indica alcuna informazione*. Cioè, non è possibile desumere alcunché dal fatto che certi elementi manchino dallo stesso (tranne alcune specifiche e ragionate eccezioni). È immediato quindi capire che UML lascia libero l'utente di disegnare i diagrammi al livello di dettaglio che preferisce, senza imporre alcunché.

Espressività e concretezza significa anche non includere cose ovvie al solo fine di rendere più "ricco" il diagramma: se è possibile evitare di includere elementi ovvi o superflui, è meglio procedere in tal senso.

Oltre UML

Fino a qui la teoria, ma la pratica? In realtà ci sono alcuni piccoli elementi da considerare quando si ha a che fare con UML, soprattutto in termini di precisione, completezza e intellegibilità dei diagrammi.

Per prima cosa è necessario notare che, sebbene UML sia uno standard ben definito, la corretta interpretazione dei diagrammi si può scontrare con convenzioni locali, abitudini e interpretazioni diverse di uno stesso standard. Questo aspetto incide sull'effettiva intellegibilità di un diagramma UML da parte di altre persone oltre l'autore. In pratica, può essere che per caratteristiche un po' particolari ed "esotiche" l'interpretazione di uno stesso diagramma possa differire. Inoltre, con l'introduzione di UML 2.0 dobbiamo affrontare alcune specifiche in deciso contrasto con quanto presente in UML 1.x, fatto che aggiunge incertezza alla situazione (per alcune indicazioni sulle differenze tra le diverse versioni di UML si consulti l'Appendice A). In questo libro si cercherà di utilizzare l'interpretazione più diffusa e comunque allineata alla versione 2.0 delle specifiche.

Ma UML può non bastare per descrivere tutte le informazioni necessarie a descrivere un sistema software. Per esempio, i casi d'uso sono utilissimi per definire i requisiti del sistema, ma sono inutili senza una completa descrizione testuale che espliciti i contenuti di ciascun caso. Ancora una volta il caro e vecchio brano di testo si rivela uno strumento insostituibile a supporto della documentazione e specifica del software.

Un altro esempio è costituito dalla tabella decisionale, una matrice che a fronte di un certo numero di condizioni indica come si deve comportare il software. Il modo migliore per modellare questa tabella è... utilizzare una tabella. Nessun diagramma UML infatti può rendere in modo così immediato questo concetto.

Per esempio, si ipotizzi di dover sviluppare una piattaforma di erogazione prestiti per un istituto bancario che includa un motore di politiche per determinare automaticamente se concedere o meno un finanziamento al cliente. Il programmatore non può prevedere tutte le possibili regole che intervengono in questo tipo, ma può creare un motore generico e lasciare che siano gli esperti funzionali bancari a compilarne le tabelle, in modo similare al quella presente in Figura 1.1.

fallibile	No	No	No	Si	Si	Si
reddito > limite minimo	No	No	Si	Si	No	No
garanzie	No	Si	No	Si	No	Si
concedi il prestito?	Si	Si	Si	Si	No	No

Figura 1.1 Un esempio di tabella decisionale.

Nell'esempio è sufficiente che disporre di due condizioni favorevoli su tre per ottenere il prestito.

Un altro diagramma non UML che può essere utile per definire un sistema software è il diagramma di navigazione (o di flusso delle schermate), che definisce la logica di navigazione dell'utente all'interno di una interfaccia utente.

Per esempio, in Figura 1.2 è presente un semplice diagramma di navigazione che mostra il funzionamento di una semplice applicazione di gestione anagrafica clienti/fornitori.

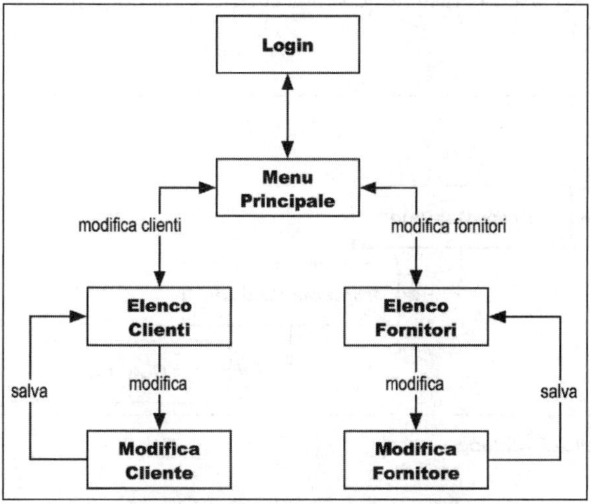

Figura 1.2 Un diagramma di navigazione disegnato senza utilizzare elementi standard di UML.

Un'alternativa UML ai diagrammi di navigazione può essere costituita dai diagrammi di macchina a stati, che possono essere adattati a questo scopo.

Software e processo di sviluppo

Storicamente, le metodologie di modellazione che hanno dato origine a UML erano inserite all'interno di uno specifico processo di sviluppo software. D'altra parte, lo scopo finale della modellazione è quello di realizzare un sistema software funzionante da consegnare all'utente, e per ottenere questo un qualsiasi processo di sviluppo è indispensabile.

UML non è legato ad alcun processo di sviluppo specifico, il che rende possibile il suo utilizzo nel modello a cascata, iterativo e agile. Vediamo ora brevemente in cosa consistono questi tre modelli.

Sviluppo a cascata

In una metodologia di sviluppo a cascata, le fasi di pianificazione, progettazione, sviluppo e collaudo sono eseguiti in forma sequenziale: per poter cominciare, ciascuna fase necessita la conclusione di quella precedente (Figura 1.3).

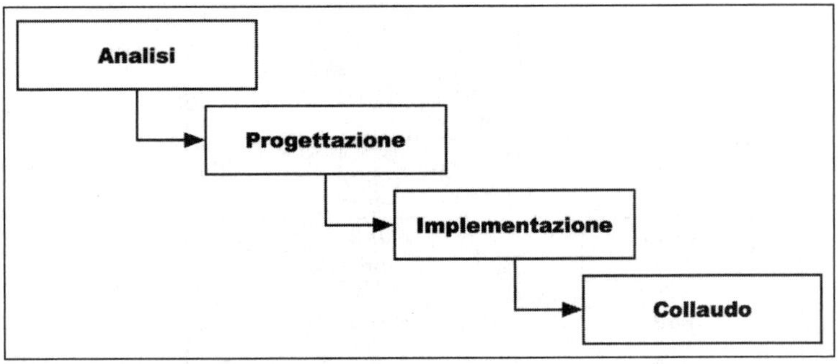

Figura 1.3 Modello di sviluppo a cascata.

I problemi di questa metodologia sono evidenti: sebbene la struttura molto semplice del processo semplifichi il lavoro degli attori coinvolti, spesso in una qualche fase ci si rende conto che sarebbe necessario tornare a quella precedente. Ad esempio, in fase di sviluppo, potrebbe risultare necessario tornare alla fase di analisi per chiarire meglio alcuni aspetti del sistema.

Inoltre questo modello non si sposa bene con la stragrande maggioranza dei progetti, dove i requisiti utente non sono scritti nella roccia, ma cambiano spesso. Questa metodologia andava bene ad esempio per lo sviluppo di grossi software come i primi sistemi operativi, dove i requisiti potevano essere definiti a priori e l'esperienza di sviluppo del software non era ancora quella attuale.

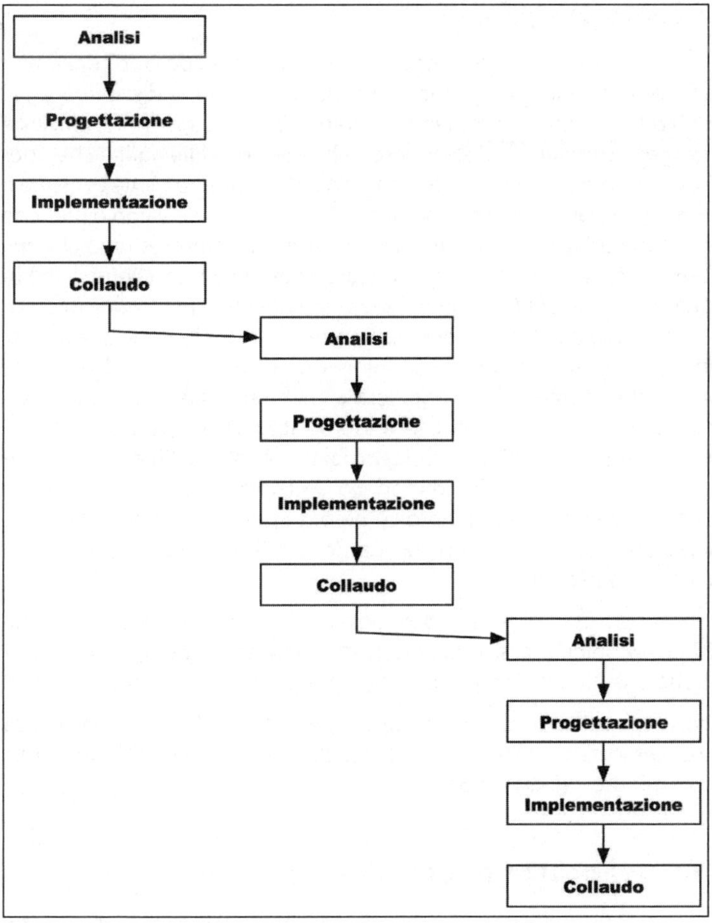

Figura 1.4 Modello di sviluppo iterativo.

Sviluppo iterativo

Per ovviare ai problemi del modello a cascata, è nata la metodologia iterativa (Figura 1.4), ancora oggi ampiamente usata.

Nel modello iterativo sono presenti le stesse fasi del modello a cascata, ma i tempi sono più ristretti e dalla fase di collaudo si torna poi a quella di pianificazione per applicare eventuali correzioni al risultato dello sviluppo.

Metodologie agili

In contrapposizione alle metodologie cosiddette "pesanti", dalla fine degli anni '80 - inizio degli anni '90, sono nate le prime discipline "agili", focalizzate a risolvere problemi ricorrenti, riscontrati nella conduzione di progetti software. L'idea di base nelle metodologie agili è che queste non sono *predittive*, non cercano cioè di prevedere come evolverà il sistema software, ma sono *adattive*, propongono cioè valori e pratiche per meglio adattarsi all'evoluzione dei requisiti utente, prima che del sistema software. Nei progetti software, le esigenze del cliente sono in costante mutamento: sebbene l'avere in anticipo tutti i requisiti utente sia un aspetto desiderabile, spesso non è ottenibile. In questi casi, non si può utilizzare una metodologia predittiva, perché il processo non è completamente prevedibile. Ma anche se fossero disponibili subito tutti i requisiti, ed anche se fossero tutti coerenti, anche la fase di progettazione potrebbe dare dei problemi: è molto difficile, ad esempio, catturare il sistema in un modello UML che sia completo e corretto e che possa essere utilizzato come base per lo sviluppo del codice. Spesso anche i progettisti si sorprendono di come un progetto viene poi tradotto in codice.

Visti questi problemi, le metodologie agili si concentrano dunque nel facilitare le modifiche al sistema, piuttosto che su altri aspetti, quali produrre il sistema più efficiente possibile, o più riutilizzabile, o più prestante.

In contrapposizione alle metodologie pesanti, quelle agili si basano su un processo iterativo composto da fasi di progettazione, sviluppo e test molto più brevi (Figura 1.5).

UML nel processo di sviluppo

Indipendentemente dal processo di sviluppo che è stato scelto per un determinato progetto, ci sono determinate fasi che non possono mancare, come la raccolta dei requisiti o la progettazione. UML può essere uno strumenti di supporto in queste e altre fasi, offrendo all'attività dello specialista un modo per svolgere quella determinata fase di lavoro in modo più efficace.

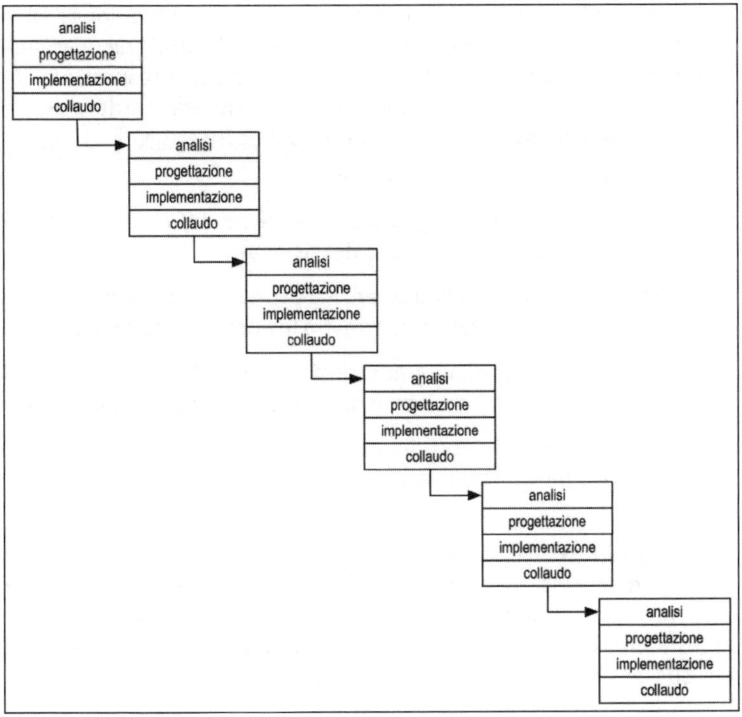

Figura 1.5 Modello agile di sviluppo.

UML e requisiti utente

La fase iniziale in un qualsiasi processo di sviluppo solitamente è la fase di raccolta e analisi dei requisiti dell'utente. L'analista, in questo momento, intervista o acquisisce in altro modo le funzionalità volute, e in generale quanto desiderato dagli utenti, e cerca di tradurli in un insieme congruente di requisiti.

UML dispone di un tipo di diagramma specifico per rappresentare i requisiti degli utenti: i *casi d'uso*. Questa tipologia di diagramma è approfondita in un capitolo specifico.

È bene però notare che in alcuni casi il processo di sviluppo indica di includere nei requisiti utente anche elementi tecnici. In particolare, i requisiti vengono suddivisi in:

- requisiti funzionali;
- requisiti tecnici.

Nell'analisi della prima tipologia, è bene tenere in considerazione il fatto che la fase dei requisiti utente vede l'intervento di attori che quasi mai hanno conoscenze tecniche. Piuttosto, sono tipicamente esperti funzionali del loro ramo di attività. L'impiego di UML in questa fase deve essere dunque inteso dal punto di vista prettamente concettuale.

In merito a questa tipologia di requisiti:

- è possibile disegnare diagrammi di classe per offrire una visione a livello concettuale del dominio del sistema.
- Attraverso diagrammi di sequenza è possibile esprimere il funzionamento dinamico delle relazioni tra le entità del dominio.
- Si può impiegare un diagramma di macchina a stati per esplicitare il ciclo di vita dell'applicazione o di un sottosistema, se opportuno.
- È possibile servirsi di un diagramma delle attività per modellare il processo funzionale relativo al sistema software che si deve approntare.
- I requisiti tecnici possono essere formalizzati in diversi modi. Nel caso dovessero includere vincoli legati all'ambiente operativo, come il numero e le caratteristiche dei server, è possibile utilizzare un diagramma di deploy per descrivere la configurazione degli ambienti su cui sarà installato il software.

UML e progettazione

Sicuramente, il momento più significativo in cui avviene una convergenza tra processo di sviluppo e UML è la fase progettuale. Come descritto ampiamente nei paragrafi precedenti, è possibile utilizzare UML a diversi livelli di dettaglio, incluso quello che permette il disegno del sistema. In questo contesto vengono utili un po' tutti i diagrammi che mette a disposizione UML, anche se, all'atto pratico, quelli più utilizzati sono:

- diagrammi di classe che illustrano da una prospettiva software gli elementi del dominio e eventuali sistemi di supporto non riconducibili a design pattern o schemi consolidati.
- Diagrammi di sequenza che mostrino l'interazione tra gli elementi di dominio per i casi d'uso più comuni. Anche in questo caso è inutile modellare tutte le possibili casistiche o eccezioni, a meno che queste siano state discusse in fase di progettazione e ne sia stata scelta una impostazione originale.

- Diagrammi di package che forniscono una visione ad ampio raggio degli elementi costitutivi del sistema e delle loro relazioni di dipendenza.
- Diagrammi dei componenti che offrono una visione a grana più fine e trasversale degli elementi del sistema. Spesso è utile concettualizzare alcune parti del software, rappresentandoli come componenti. All'atto pratico, un componente è composto da un insieme di classi, magari appartenenti a package diversi. Un diagramma a componenti poi esplicita le relazioni di dipendenza tra i diversi componenti del sistema.
- Diagrammi di macchina a stati che mostrano il ciclo di vita di un determinato sottosistema, nel caso questo sia significativo.
- Diagrammi di attività che modellino il processo software da un punto di vista più astratto rispetto ai diagrammi di sequenza.
- Diagrammi di deploy che esplichino le modalità di installazione e configurazione dell'applicazione nella realtà dei propri elementi fisici.

UML e documentazione

Generalmente, al termine di un progetto software si procede alla stesura della documentazione. Nella realtà, spesso questa fase non è contemplata nel budget di progetto, dunque la documentazione disponibile è nella maggior parte dei casi scarna e poco aggiornata. In un contesto di sviluppo agile, ma non solo, spesso la documentazione è il codice stesso. Quando è necessario capire come funziona una parte del software o diagnosticare un'anomalia, è nel codice che si cerca una risposta.

Ma questo non vuol dire che "documentazione" sia un concetto obsoleto e sbagliato. Forse questo stato delle cose è solo indice del fatto che l'approccio comunemente utilizzato per questa fase del ciclo di sviluppo è inadeguata agli attuali requisiti del business. Un approccio più agile alla documentazione può comportare la stesura di documentazione testuale molto sintetica, corredata da diagrammi UML significativi, magari prodotti dal reverse engineering del codice.

La documentazione prodotta con UML, anche ottenuta attraverso il reverse engineering, è un ottimo modo per comprendere il codice preesistente.

Capitolo 2

Diagrammi di classe

I diagrammi di classe probabilmente sono la tipologia di diagramma UML più importante tra tutte quelle disponibili. In essa vengono rappresentate le classi che costituiscono una parte del sistema, eventualmente corredate dai dettagli relativi ad attributi e metodi e delle relazioni tra una classe e l'altra.

Nella terminologia utilizzata in UML gli attributi di una classe vengono detti proprietà, *mentre i metodi vengono identificati con il termine* operazione.

Tra le altre, in questo diagramma trovano posto relazioni di ereditarietà, composizione e aggregazione. Per esempio, è possibile indicare che una classe B deriva dalla classe A.

I diagrammi di classe permettono di rappresentare le classi, la relazione tra di queste, la loro struttura interna, gli elementi statici, astratti, i thread, le enumerazioni e le classi parametriche come i template. Attraverso simboli grafici e convenzioni varie è possibile rappresentare un vasto panorama di caratteristiche tecniche, le stesse che si ritrovano in tutti i principali linguaggi di programmazione orientati agli oggetti.

In questi diagrammi, la classe viene rappresentata da un riquadro che contiene il suo nome. Un semplicissimo esempio di diagramma che contiene la classe `Cliente` lo vediamo nella Figura 2.1: si tratta di un diagramma di classe che ne contiene solo una.

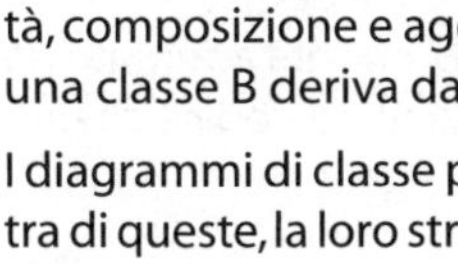

Figura 2.1 Un diagramma composto da una sola classe.

Il codice corrispondente al diagramma è il seguente:

```
public class Cliente {

}
```

Generalizzazioni

Per rappresentare il fatto che la classe B deriva dalla classe A è necessario collegare i riquadri che rappresentano le due classi con una linea continua che termina, nel punto di connessione con la classe base, con una freccia. La punta di questa è costituita da un triangolo equilatero vuoto. Un esempio è presente in Figura 2.2, dove viene indicata la relazione di derivazione tra la classe base `Soggetto` e la classe derivata `Cliente`. La classe base fornisce le proprietà e i servizi di base che modellano un qualche soggetto fisico o giuridico. A livello di proprietà ci potrebbero essere una intestazione, un indirizzo, un numero di telefono, un indirizzo di posta elettronica e così via. Tra i metodi potrebbero esserci, oltre a quelli necessari a restituire le informazioni descrittive indicate, anche azioni specifiche, per esempio per l'invio di un messaggio di posta a quel determinato soggetto. La classe `Cliente` definisce invece un `Soggetto` che è un cliente dell'azienda. Tra le proprietà aggiunte da `Cliente` a `Soggetto` potrebbero esserci la partita IVA, il codice cliente e un riferimento agli ordini a lui collegati.

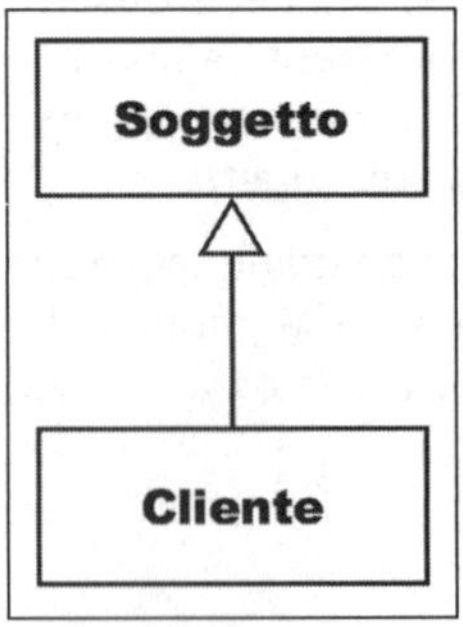

Figura 2.2 La classe Cliente deriva dalla classe Soggetto.

Il codice corrispondente al diagramma è il seguente:

```
public class Soggetto {

}
public class Cliente extends Soggetto {

}
```

È molto importante rispettare l'esatta forma della freccia, in quanto simboli diversi hanno significati differenti. Per esempio, una punta di freccia stretta e aperta descrive una relazione di associazione e non di ereditarietà.

E quando ci si trova di fronte a più classi che derivano da una stessa classe base? Graficamente questo si rappresenta semplicemente raccordando le diverse linee in una singola, che termina con la punta di freccia. È sconsigliabile invece utilizzare più frecce singole, in quanto il diagramma ne risulta molto più complesso, anche se lo standard in effetti, lo consentirebbe. Ipotizziamo dunque di avere le classi `Cliente`, `Fornitore` e `Dipendente` che derivano tutte dalla classe `Soggetto`. La classe `Fornitore` potrebbe anch'esso definire il numero della partita IVA, un codice fornitore e un riferimento agli ordini a lui inviati. La classe `Dipendente` potrebbe definire le proprietà matricola, data assunzione e stipendio.

Per rappresentare correttamente la relazione di ereditarietà tra queste classi è possibile procedere come in Figura 2.3.

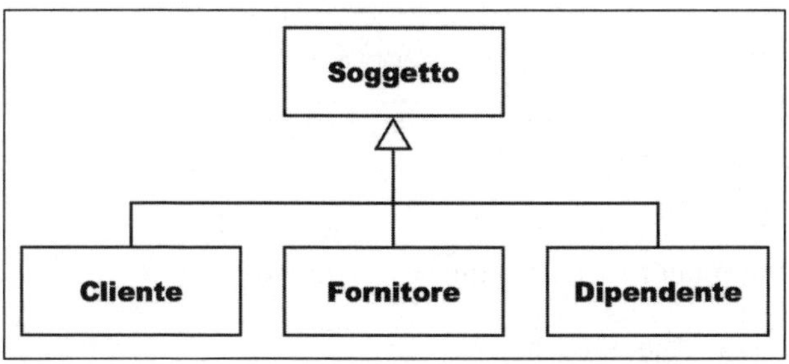

Figura 2.3 Le classi Cliente, Fornitore e Dipendente derivano da Soggetto.

Il codice corrispondente al diagramma è il seguente:

```
public class Soggetto {
}

public class Cliente extends Soggetto {
}
public class Fornitore extends Soggetto {
}
public class Dipendente extends Soggetto {
}
```

Associazioni

In altri casi si rende necessario indicare che una certa classe è utilizzata da un'altra. Per esempio, si potrebbe voler indicare che la classe `Soggetto` impiega la classe `Indirizzo`, per memorizzare le informazioni sull'indirizzo del soggetto. In questo caso, nella classe `Soggetto` c'è un attributo, di tipo `Indirizzo`, usato per il funzionamento della classe principale. e si impiega una freccia che rivolge la sua punta verso la classe utilizzata, nell'esempio appunto `Indirizzo`, come vediamo nella Figura 2.4 (la punta di freccia in realtà è opzionale: può essere omessa nel caso non si intenda indicare un particolare verso di navigabilità).

L'utilizzo delle associazioni non è l'unico modo per descrivere gli attributi di una classe. Un'alternativa verrà descritta più avanti in questo stesso capitolo.

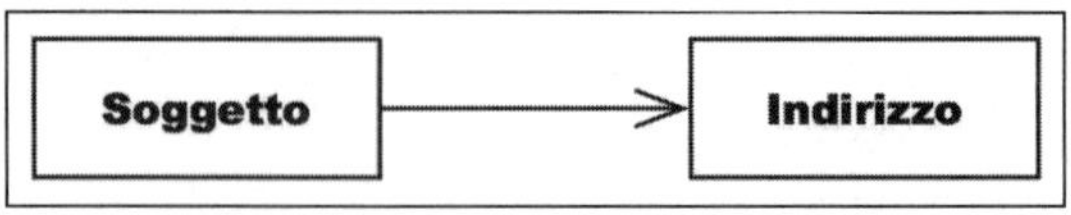

Figura 2.4 La classe Soggetto utilizza la classe Indirizzo.

Il codice corrispondente al diagramma è il seguente:

```
public class Soggetto {
     Indirizzo indirizzo;
}
public class Indirizzo {

}
```

Il significato del diagramma in Figura 2.4 è che `Soggetto` utilizza uno ed un solo `Indirizzo`. Ma le associazioni nei diagrammi di classe consentono di specificare alcune informazioni aggiuntive, che sono:

- la molteplicità;
- gli eventuali vincoli.

La molteplicità permette di definire quanti oggetti possono essere contenuti nella proprietà. Nell'esempio precedente, esisteva un solo indirizzo per soggetto, quindi la molteplicità era 1. In questo caso si dice anche che la molteplicità è *a sol valore*.

Si ipotizzi ora che `Soggetto` possa avere da nessuno fino a cinque indirizzi. In questo caso la molteplicità è *0..5*, dove il primo numero è il limite minimo di oggetti che devono essere presenti, mentre il secondo è il limite massimo (Figura 2.5).

Si noti che il limite minimo non è obbligatorio, è possibile anche indicare un solo numero. In questo caso si assume che questo indichi il limite superiore della molteplicità.

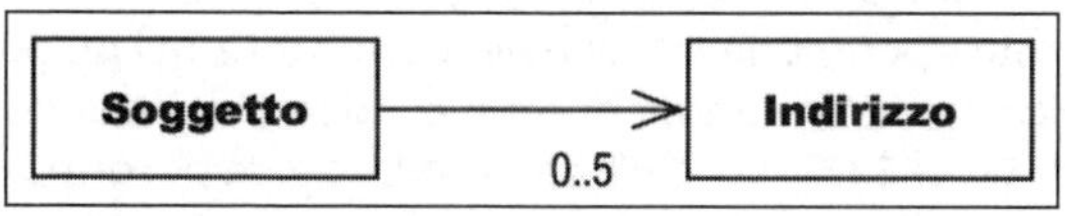

Figura 2.5 La molteplicità si indica vicino al verso dell'associazione.

Il codice corrispondente al diagramma è il seguente:

```
public class Soggetto {
     //In Java non è possibile specificare i limiti
     //di un vettore, che è dinamico per definizione.
     //I relativi controlli dovranno dunque essere
     //implementati nel codice.
     Indirizzo[] indirizzi;
     public final int MAX_NUM_INDIRIZZI = 5;

     public Soggetto() {
             indirizzi = new
                     Indirizzo[ MAX_NUM_INDIRIZZI ];
     }
     void setIndirizzo(int indice,
                     Indirizzo indirizzo) {
```

```
                controllaIndiceIndirizzo(indice);
                indirizzi[ indice ] = indirizzo;
        }

        Indirizzo getIndirizzo(int indice) {
                controllaIndiceIndirizzo(indice);
                return indirizzi[ indice ];
        }

        void controllaIndiceIndirizzo(int indice) {
                if (indice <= 0 ||
                 indice >= MAX_NUM_INDIRIZZI) {
                        throw new
                        IllegalArgumentException(
                        "indice non valido: " + indice);
                }
        }
}
public class Indirizzo {

}
```

L'esempio illustra una possibile implementazione dei controlli di limite per quanto riguarda la proprietà `indirizzi`. L'elenco degli indirizzi è memorizzato in un vettore. In Java non è possibile dare dei limiti espliciti nella dichiarazione del vettore, ma è possibile indicarli in fase di istanziazione. Questa operazione avviene nel costruttore, nel quale viene creato dinamicamente un vettore di cinque indirizzi utilizzando la costante `MAX_NUM_INDIRIZZI` come riferimento. La classe poi dispone di due metodi principali e uno di supporto:

- `setIndirizzo();`
- `getIndirizzo();`
- `controllaIndiceIndirizzo().`

Il terzo metodo ha lo scopo di controllare se l'indice passato come parametro rientra nell'intervallo specificato. È in questo metodo che viene applicato il vincolo 0..5 indicato nel diagramma UML. Gli altri due metodi non fanno altro che ritornare o impostare l'indirizzo nella posizione indicata, avendo l'accortezza di chiamare il metodo `controllaIndiceIndirizzo()` per assicurarsi di operare su un intervallo valido.

In questa tipologia di intervallo (0..5) si dice che l'associazione è *a più valori*, in quanto il limite superiore è maggiore di uno. Inoltre, l'attributo è *opzionale*, in quanto il limite inferiore è zero.

Per indicare che l'attributo invece è obbligatorio, è necessario specificare un limite inferiore uguale o maggiore di 1. In Figura 2.6 è presente una variante dell'associazione tra `Soggetto` e `Indirizzo` che indica l'obbligatorietà di almeno un indirizzo per soggetto.

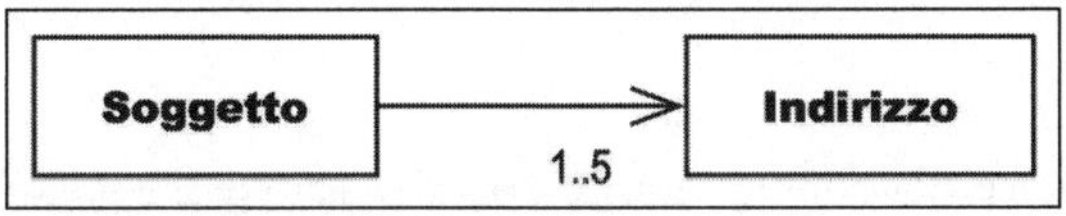

Figura 2.6 Un attributo obbligatorio
ha limite inferiore maggiore o uguale a uno.

Il codice corrispondente al diagramma è il seguente:

```
import java.util.List;

public class Soggetto {
     List indirizzi;

     public final int MAX_NUM_INDIRIZZI = 5;

     void addIndirizzo(Indirizzo indirizzo) {
             if (indirizzi.size() ==
                     MAX_NUM_INDIRIZZI) {
                 throw new
                     IllegalArgumentException(
             "Raggiunto il numero massimo di indirizzi");
             }
             indirizzi.add( indirizzo );
     }

     void removeIndirizzo(Indirizzo indirizzo) {
             if (indirizzi.size() == 1) {
                     throw new IllegalArgumentException(
     "Non puoi togliere anche l'ultimo indirizzo");
             }
             indirizzi.remove( indirizzo );
     }

     Indirizzo getIndirizzo(int indice) {
             //in questo caso è più sicuro
             //controllare il limite superiore
             //verificando il numero di indirizzi
             //effettivamente presenti, invece che
             //utilizzare la costante
             //MAX_NUM_INDIRIZZI
             if (indice <= 0 ||
                     indice >= indirizzi.size()) {
```

```
                    throw new IllegalArgumentException(
                    "L'indice specificato non esiste");
                }
                return (Indirizzo)indirizzi.get(indice);
        }
    }
    public class Indirizzo {

    }
```

Commentiamo il codice. Per definire questo tipo di relazione si è scelto di utilizzare il tipo di dato `List`, che nella piattaforma Java implementa un elenco di oggetti non univoci senza limite di numero. La scelta di questa struttura dati appare più efficace perché il vettore, usato in precedenza, avrebbe in qualche modo complicato il controllo della presenza effettiva di almeno un indirizzo. I metodi presenti sono tre:

- `addIndirizzo();`
- `removeIndirizzo();`
- `getIndirizzo();`

Il primo consente di aggiungere un indirizzo a quelli del soggetto. Come si nota, è presente un controllo sui limiti per evitare di inserire più di cinque indirizzi. Il secondo metodo rimuove un indirizzo specificato dalla lista, controllando di lasciarne almeno uno. In questo modo si soddisfa il requisito espresso nel diagramma, che indica che un `Soggetto` deve avere almeno un `Indirizzo`. Si noti però che questo è solo un esempio e che questo requisito si potrebbe implementare in altri modi. Il terzo metodo è solo un esempio di come accedere correttamente all'elenco di indirizzi presenti per ritornare quello richiesto.

Oltre a numeri finiti è possibile esprimere nelle molteplicità anche il concetto di infinito, che è rappresentato da un asterisco. Per esempio, per indicare che è possibile associare un numero infinito di indirizzi è possibile procedere come indicato in Figura 2.7.

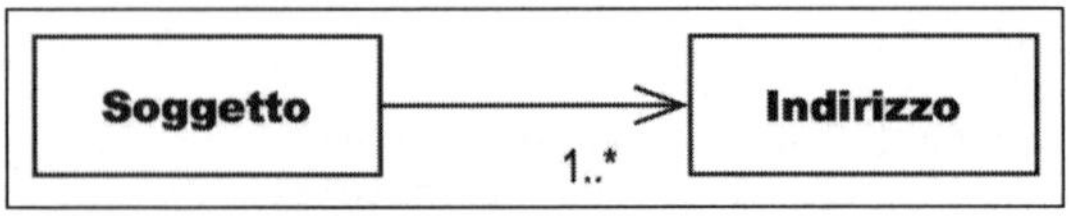

Figura 2.7 Utilizzando l'asterisco si può indicare una molteplicità infinita.

La presenza del solo asterisco, per convenzione, è una abbreviazione della molteplicità 0... Il che significa anche che l'attributo è opzionale.*

Il codice corrispondente al diagramma è il seguente. Come si nota, non c'è alcun controllo dei limiti, né superiore, né inferiore:

```
import java.util.List;

public class Soggetto {
     List indirizzi;

     void addIndirizzo(Indirizzo indirizzo) {
             //non c'è controllo di limite
             indirizzi.add( indirizzo );
     }

     void removeIndirizzo(Indirizzo indirizzo) {
             //non c'è controllo di limite
             indirizzi.remove( indirizzo );
     }

     Indirizzo getIndirizzo(int indice) {
             //non c'è controllo di limite
             return (Indirizzo)indirizzi.get(indice);
     }
}
public class Indirizzo {

}
```

Se non viene specificata alcuna molteplicità, per convenzione si intende che è 1. Alle molteplicità è possibile aggiungere vincoli per specificare meglio il tipo di comportamento che si intende modellare per quella data associazione. Le possibilità sono le seguenti:

- `{unordered}`. Indica che l'insieme degli oggetti dell'aggregazione non è ordinata.
- `{ordered}`. Indica che l'insieme degli oggetti dell'aggregazione è ordinata.
- `{nonunique}`. Indica che l'insieme degli oggetti dell'aggregazione può contenere elementi duplicati.
- `{unique}`. Indica che l'insieme degli oggetti dell'aggregazione non può contenere elementi duplicati.

Per default, se non viene specificato nulla, un'associazione si intende `{unordered}` e `{unique}`. Per esempio, in Figura 2.8 viene indicato esplicitamente che l'insieme di indirizzi ha le caratteristiche di default.

Quanto contenuto tra le parentesi graffe prende il nome di parola chiave, *che si ritroverà altre volte nel resto del capitolo, in diversi ambiti. È semplicemente un modo per rendere più leggibile il diagramma e nel contempo ridurre il numero di elementi grafici necessari a rappresentare i numerosi concetti che ruotano attorno alla progettazione orientata agli oggetti. In sostanza, invece che utilizzare un florilegio di simboli grafici è stato scelto di apporre una semplice etichetta, scritta in inglese.*

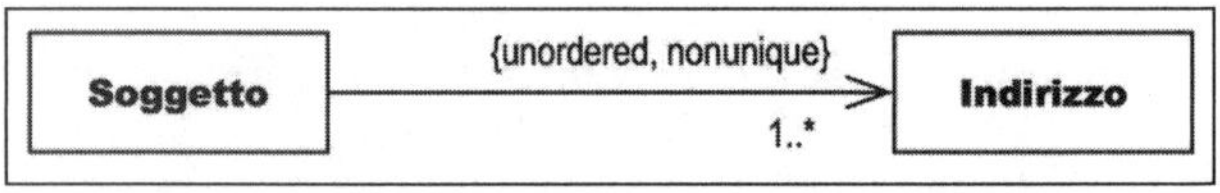

Figura 2.8 Indicazione delle parole chiave nelle molteplicità.

In UML 1.x era possibile indicare molteplicità discontinue, come per esempio [1,3], per indicare che potevano esserci o uno o tre oggetti. L'utilizzo di questa caratteristica di UML era però molto raro, quindi in UML 2.0 questa non è presente.

Il codice corrispondente al diagramma è il medesimo del precedente.

Un ultimo, ma importante, elemento da evidenziare in merito alle associazioni è la possibilità di esplicitarne il nome. Non si dimentichi che un'associazione è un modo per esprimere la proprietà di una classe, quindi la necessità di indicarne un nome è imprescindibile. Nel caso della relazione tra `Soggetto` e `Indirizzo` la proprietà che contiene gli indirizzi del soggetto si potrebbe chiamare appunto `indirizzi` (Figura 2.9).

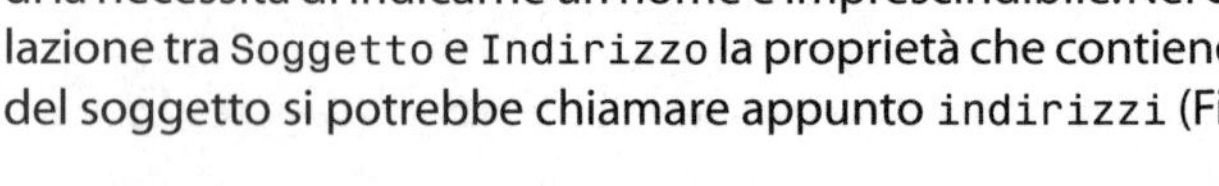

Figura 2.9 Le associazioni permettono di specificare il nome della proprietà.

Il codice corrispondente al diagramma è il medesimo del precedente: avevamo già chiamato l'attributo `indirizzi` in tutti gli esempi di codici già descritti.

La scelta del nome della proprietà solitamente avviene in funzione della molteplicità: quando ci possono essere più oggetti collegati, solitamente si utilizza il plurale. Diversamente, quando l'oggetto è unico, si utilizza il singolare.

Associazioni bidirezionali

Fino a ora abbiamo analizzato le associazioni sempre dal lato della classe `Indirizzo`. Da un `Soggetto` possiamo dunque conoscere il suo `Indirizzo` seguendo la freccia dell'associazione. Ma è interessante evidenziare che le associazioni possono essere bidirezionali. In questo caso, potremmo voler risalire al soggetto a partire dall'indirizzo. Pensandoci bene, è una prassi abbastanza comune, nella programmazione, inserire un riferimento all'oggetto padre nell'oggetto figlio, in modo da poter risalire in qualsiasi momento al "contesto" in cui è inserito l'oggetto figlio. Per rappresentare una associazione bidirezionale in UML è sufficiente aggiungere una punta di freccia anche all'altra estremità della linea di associazione. Ovviamente anche per questa vale quanto prima esposto in merito a nome dell'associazione, vincoli e molteplicità.

In alternativa, è possibile non indicare alcuna punta di freccia.

In Figura 2.10 c'è appunto un esempio di associazione bidirezionale tra le due classi `Soggetto` e `Indirizzo`.

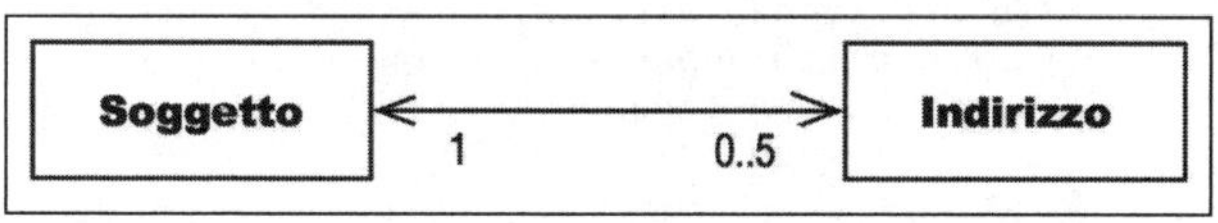

Figura 2.10 L'associazione bidirezionale termina con una freccia anche all'altra estremità della linea.

Si noti che il nome di una associazione può essere specificata anche come verbo. Per esempio: "un soggetto possiede un indirizzo". In questo caso la linea non termina con frecce. Una direzione può essere invece indicata a fianco del verbo per esplicitare il verso dell'assegnazione. In questo caso, la freccia andrebbe dal soggetto all'indirizzo.

Il codice corrispondente al diagramma è seguente:

```
import java.util.ArrayList;
import java.util.List;

public class Soggetto {
     List indirizzi;

     public Soggetto() {
             indirizzi = new ArrayList();
     }

     void addIndirizzo(Indirizzo indirizzo) {
             indirizzi.add(indirizzo);
             indirizzo.soggettoDiAppartenenza = this;
     }

     void removeIndirizzo(Indirizzo indirizzo) {
             indirizzi.remove(indirizzo);
             indirizzo.soggettoDiAppartenenza = null;
     }

     public String toString() {
             return getClass().getName() + "=[" +
                     "indirizzi.size()=" +
                     indirizzi.size() + "]";
     }
}
public class Indirizzo {
     Soggetto soggettoDiAppartenenza;

     void setSoggettoDiAppartenenza(Soggetto s) {

             //rimuove questo indirizzo dal soggetto
             //in precedenza associato
             if (soggettoDiAppartenenza != null) {
             soggettoDiAppartenenza.
                     removeIndirizzo(this);
             }

             //associa a questo indirizzo un nuovo
             //soggetto
             soggettoDiAppartenenza = s;

             //se il soggetto da associare è valido,
             //aggiunge questo indirizzo all'elenco
             //degli indirizzi del soggetto
             if (s != null) {
                     s.addIndirizzo(this);
             }
     }
```

```
        public String toString() {
                return getClass().getName() + "=[" +
                        "soggettoDiAppartenenza="+
                        soggettoDiAppartenenza+
                        "]";
        }
    }
```

Analizziamo questo esempio di codice. La classe `Soggetto` non è altro che un wrapper su un oggetto `List`, per il quale espone i metodi `add()` e `remove()`, opportunamente rinominati. Rispettivamente, questi sono `addIndirizzo()` e `removeIndirizzo()`, già utilizzati anche negli esempi precedenti. È ovvio che qui si sta violando in qualche modo l'incapsulamento, ma questo consente di mantenere semplice l'esempio. Nella fattispecie, l'incapsulamento viene violato in due modi:

1. esponendo i metodi di manipolazione della struttura interna dell'elenco dei soggetti.
2. Accedendo alla proprietà `soggettoDiAppartenenza` direttamente, senza la mediazione di alcun metodo. Questo accesso è indispensabile per collegare il soggetto su cui viene chiamato `addIndirizzo()` all'indirizzo passato come parametro. Nello stesso modo, indirizzo e soggetto vengono scollegati alla chiamata del metodo `removeIndirizzo()`.

La classe `Indirizzo` contiene la parte più interessante, in quanto nel metodo `setSoggettoDiAppartenenza()`, che si occupa di associare un soggetto all'indirizzo, viene anche associato l'indirizzo al soggetto. Questa operazione avviene in tre fasi:

1. se all'indirizzo era già associato un soggetto, da questo "vecchio" soggetto viene dissociato l'indirizzo corrente.
2. Il nuovo soggetto viene associato all'indirizzo corrente.
3. Se il nuovo soggetto non è `null` (che è un caso possibile, quando si desidera fare in modo che l'indirizzo non sia associato a nessun soggetto), l'indirizzo corrente viene aggiunto all'elenco degli indirizzi dei soggetti.

Queste tre operazioni permettono di assicurarsi che le due classi `Soggetto` e `Indirizzo` rimangano sempre in sincrono.

Fare attenzione alle associazioni bidirezionali in fase di navigazione dell'albero di oggetti! In questo caso, provare a produrre nel metodo `toString()` *della classe* `Soggetto` *il contenuto completo della lista* `indirizzi` *comporta un ciclo infinito, perché per ogni indirizzo viene stampato il soggetto di appartenenza, e per ogni soggetto i suoi indirizzi. Si crea così un'operazione ricorsiva infinita, che produce un errore di overflow dello stack.*

Associazioni qualificate

Fin qui abbiamo visto associazioni che mettevano in relazione un oggetto padre con uno o più oggetti figli, senza però descrivere alcuna chiave di accesso agli oggetti figli. Nel caso degli indirizzi di un soggetto visto fino a ora, non è necessario identificare univocamente ogni singolo indirizzo. Sappiamo solo che un soggetto può avere fino a cinque indirizzi alternativi. Ma se volessimo poter associare a un particolare indirizzo uno specifico significato? Per esempio, consideriamo la classe `Cliente`. I suoi indirizzi potrebbero essere organizzati in modo più esplicito. Per esempio:

- indirizzo della sede legale;
- indirizzo operativo;
- indirizzo di consegna.

Dal punto di vista di una implementazione software il modo più semplice per implementare una proprietà che permetta di contenere più oggetti figli recuperabili direttamente in base a quello richiesto è quello di utilizzare una qualche forma di tabella hash o vettore associativo. La classe `Cliente` potrebbe definire tre costanti per individuare gli indirizzi desiderati. Questi possono essere, per esempio:

- INDIRIZZO_SEDE_LEGALE;
- INDIRIZZO_OPERATIVO;
- INDIRIZZO_CONSEGNA;

UML consente di specificare le associazioni qualificate indicando il tipo di dato che qualifica il legame. Il diagramma relativo all'associazione tra `Cliente` e `Indirizzo` come descritto in questo paragrafo è illustrato in Figura 2.11.

L'associazione è qualificata da una chiave di tipo stringa, indicata nel riquadro vicino alla classe `Cliente`. La molteplicità è indicata a livello della classe collegata e in questo caso indica che possono essere presenti da zero a tre indirizzi.

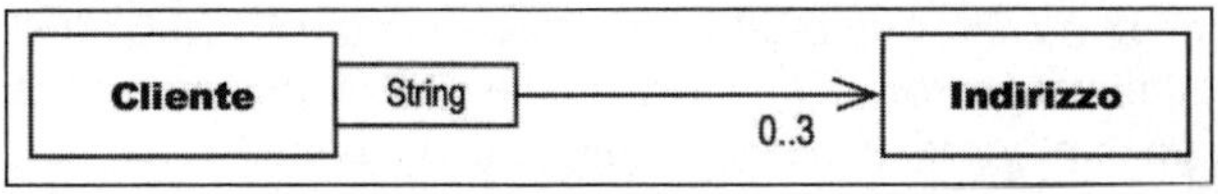

Figura 2.11 Le associazioni qualificate consentono di specificare il tipo che permette l'associazione.

Il codice corrispondente al diagramma è seguente:

```
import java.util.Map;

public class Soggetto {
     final String INDIRIZZO_SEDE_LEGALE = "sl";
     final String INDIRIZZO_OPERATIVO = "op";
     final String INDIRIZZO_CONSEGNA = "co";

     Map indirizzi;

     Indirizzo getIndirizzoSedeLegale() {
             return (Indirizzo)
             indirizzi.get(INDIRIZZO_SEDE_LEGALE);
     }

     Indirizzo getIndirizzoOperativo() {
             return (Indirizzo)
             indirizzi.get(INDIRIZZO_OPERATIVO);
     }

     Indirizzo getIndirizzoConsegna() {
             return (Indirizzo)
             indirizzi.get(INDIRIZZO_CONSEGNA);
     }
}
public class Indirizzo {
}
```

Questo è solo uno dei possibili approcci di implementazione di questo tipo di relazione. Un'alternativa è quella di avere un metodo con questa firma:

```
Indirizzo getIndirizzo(String chiave);
```

dove la chiave può assumere uno dei valori definiti dalle costanti presenti nella classe.

Questo tipo di associazione si utilizza anche in quei casi in cui è necessario collegare un numero alto o infinito di oggetti a un singolo oggetto padre. Per esempio, la classe `Fattura` potrebbe essere associata alla classe `ElementoFattura`, qualificata dalla classe `Prodotto`. Nello specifico, probabilmente l'associazione avrà molteplicità *, ad indicare che una fattura può contenere un numero infinito di elementi.

Aggregazione e composizione

Altre due relazioni molto importanti sono quelle di aggregazione e composizione. Questo tipo di relazione, presente anche nel modello relazionale per la gestione dei database, permette di indicare che un elemento è costituito da più parti. La loro differenza è sottile:

- Nel caso dell'**aggregazione**, si può dire che l'elemento A *comprende* le parti P. Se si elimina un oggetto di tipo A, gli oggetti P non vengono coinvolti. Per esempio, si consideri la classe `PostazioneLavoro`, che descrive una postazione in cui è possibile svolgere lavoro d'ufficio. Gli elementi figli di cui è composta una `PostazioneLavoro` sono `Computer`, `Stampante`, `Monitor`, `Telefono`, `Agenda`. Questi ultimi sono specializzazioni della classe `ElementoPostazioneLavoro`. Se si elimina una specifica postazione di lavoro, tutto l'hardware a supporto non sparisce! Al limite sarà riutilizzato per allestire un'altra postazione di lavoro. Questa situazione è illustrata in Figura 2.12.

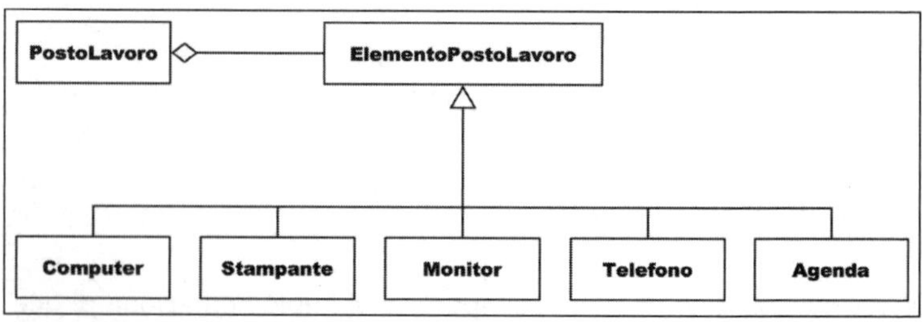

Figura 2.12 PostazioneLavoro è composta da oggetti di tipo ElementoPostazioneLavoro.

- Nel caso della **composizione**, si può dire che l'elemento A è *composto* dalle parti P. In questo caso la relazione tra le parti A e P è più forte e se si eliminano le parti P viene eliminato anche l'oggetto A. Per esempio, si consideri la relazione che interviene tra l'oggetto `Fattura` e `ElementoFattura`. Quando viene eliminato l'oggetto padre, di tipo `Fattura`, vengono eliminati di conseguenza anche gli oggetti `ElencoFattura`. L'esistenza di questi oggetti figli, svincolati, non avrebbe infatti senso. Questa relazione è illustrata in Figura 2.13.

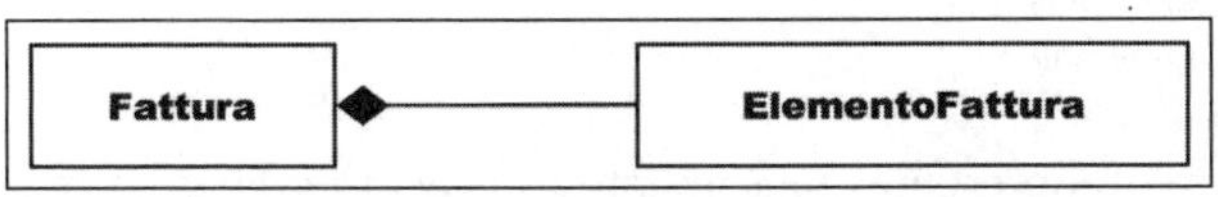

Figura 2.13 Una fattura è composta da oggetti di tipo ElementoFattura.

Anche nel caso di aggregazioni e composizioni è possibile specificare il ruolo, le parole chiave e la molteplicità.

Un altro elemento che caratterizza in modo specifico la composizione è il concetto di esclusività, *per cui un oggetto che compone può appartenere solo al relativo padre. Nell'esempio, questo vuol dire che un* `ElementoFattura` *è collegato a una e solo una* `Fattura`.

Dipendenza

L'ultimo tipo di legame tra classi previsto da UML è anche il meno "forte". Una dipendenza indica che una modifica alla struttura di una classe può produrre un cambiamento all'altra. Per esempio questo avviene quando la classe A utilizza metodi della classe B. Una modifica all'interfaccia pubblica di B avrebbe senz'altro ripercussioni sulla classe A.

Le dipendenze non sono limitate alle sole classi, ma è possibile specificare dipendenze tra diversi elementi dei diagrammi UML, come i componenti, trattati in un successivo capitolo di questo libro.

Vediamo subito un esempio. Nella Figura 2.14 è presente un diagramma che illustra un vincolo di dipendenza tra la classe `Ordine` e `MotoreEmail`. La prima definisce un ordine di acquisto mentre la seconda identifica un oggetto che permette l'invio di messaggi di posta elettronica, che in questo caso può essere utilizzato per inviare un messaggio di conferma dell'avvenuta ricezione di un ordine all'utente che lo ha impartito.

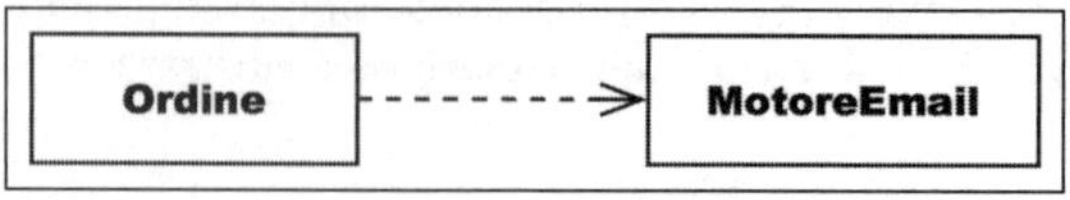

Figura 2.14 La classe Ordine dipende da MotoreEmail.

La dipendenza si rappresenta graficamente attraverso una linea tratteggiata che termina con una freccia in corrispondenza dell'elemento che fornisce il servizio. In termini UML, questo si chiama *fornitore*, o *supplier*, e in questo esempio è la classe `MotoreEmail`. L'altro elemento che interviene in una relazione di dipendenza è il cliente, detto *client*, che in questo caso è la classe `Ordine`.

Il verso della dipendenza fornisce un'altra informazione al lettore del diagramma, e cioè che il client della relazione può essere variato senza problemi. Questo è dovuto al fatto che utilizza il fornitore, ma non viene a sua volta utilizzato. Non ci sono dunque riferimenti a elementi del client all'interno del fornitore.

Nella Figura 2.15 vediamo un altro tipico esempio in cui si utilizza una dipendenza. Questo tipo di relazione infatti si verifica tra le classi che rappresentano il dominio di un sistema (per esempio un sistema per la gestione dell'anagrafica dei clienti) e gli altri sottosistemi che si occupano della persistenza o dell'interfaccia utente. In questo caso la classe `PaginaModificaCliente` implementa un qualche componente visuale (Web o standalone) per rendere possibile l'accesso alle informazioni di un cliente. Questa classe dunque utilizza la classe di dominio per estrarne le informazioni o per registrare eventuali variazioni o inserimenti. La classe `MotorePersistenza` rappresenta invece la funzionalità di accesso ai dati; la persistenza è infatti intesa come gestione della memorizzazione e del recupero delle informazioni dalla base dati. Anche in questo caso la classe di dominio si utilizza come fonte dei dati da memorizzare o come contenitore in cui inserire quelli recuperati dal disco.

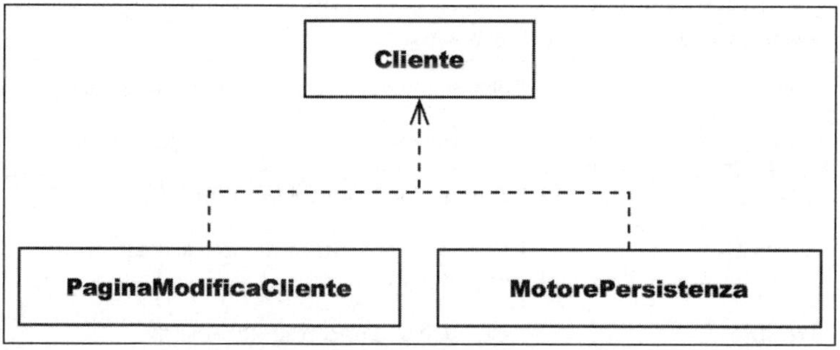

Figura 2.15 Le classi di dominio spesso sono oggetto di dipendenza da parte di altri elementi del sistema.

Le linee di dipendenza possono essere arricchite, dove lo si ritenga necessario, da parole chiave che esplicitino la natura della dipendenza. La parola chiave viene delimitata da parentesi uncinate, come quelle presenti in Figura 2.16.

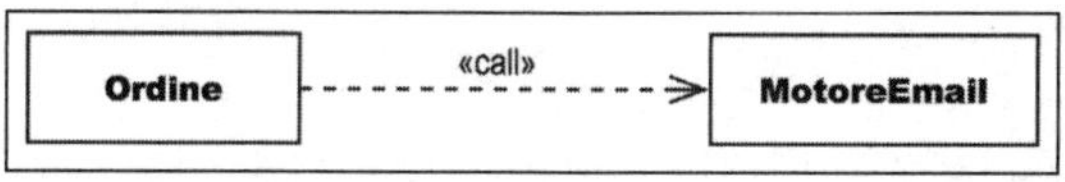

Figura 2.16 Le dipendenze possono essere arricchite da parole chiave.

Nella Figura 2.16 è stato indicato che la natura della dipendenza tra le classi `Ordine` e `MotoreEmail` è di semplice chiamata (call). Si noti che la parola chiave è posizionata appena sopra alla linea che esprime la dipendenza. Le parole chiave consentite in un diagramma UML valido sono definite dallo standard, una selezione di quelle più utili è presente nella Tabella 2.1.

Non abbondare con la definizione di dipendenze nei diagrammi. Anche in questo caso vale la regola: "meno è meglio" e una certa parsimonia nell'uso delle dipendenze consente di mantenere i diagrammi più semplici. Le dipendenze dovrebbero dunque essere utilizzate solo se effettivamente aggiungono informazioni utili per quella specifica situazione.

Parola chiave	Significato
«call»	Il cliente invoca un'operazione sul fornitore
«create»	Il cliente crea istanze della classe fornitore
«derive»	Il cliente è derivata dal fornitore
«permit»	Il fornitore consente al cliente l'accesso ai sui campi privati
«realize»	Il cliente è una implementazione di un'interfaccia definita dal fornitore o soddisfa vincoli dello stesso
«use»	Il cliente richiede il fornitore nella sua implementazione
«value»	Il fornitore è di tipo valore, quindi immutabile

Tabella 2.1 Alcune delle parole chiave più significative definite dalle specifiche UML.

Regole di vincolo

Le parole chiave descritte nel paragrafo "Associazioni" permettono di specificare meglio il comportamento che deve assumere l'associazione. Per esempio si può indicare se l'insieme di oggetti collegati è ordinato o se contiene elementi univoci o duplicati. In altre parole, con queste indicazioni si stanno aggiungendo dei *vincoli* all'associazione.

Un vincolo è un testo, racchiuso da parentesi graffe, che consente di aggiungere informazioni comportamentali al diagramma.

Il modo più semplice per definire un vincolo è quello di utilizzare il linguaggio naturale per descrivere testualmente una specifica condizione. Il vincolo viene riportato sulla linea dell'associazione, come esemplificato in Figura 2.17.

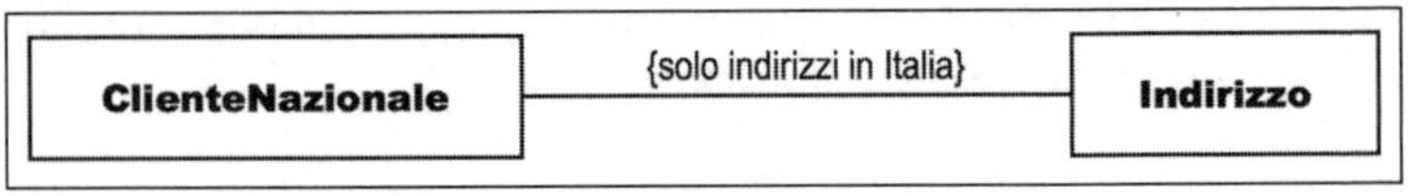

Figura 2.17 Un vincolo viene indicato sull'associazione ed è delimitato da parentesi graffe.

Nell'esempio viene richiesto che tutti gli indirizzi associati a un oggetto di tipo `ClienteNazionale` facciano riferimento a località italiane. In fase di implementazione si dovrà tenere conto di questo vincolo e implementare di conseguenza il codice.

Una possibile implementazione è riportata nel codice seguente. La classe `Indirizzo` definisce un metodo che ritorna lo stato. La classe dispone anche di una costante che indica il codice di stato relativo all'Italia. Il vincolo è implementato nel metodo `setIndirizzo()` della classe `ClienteNazionale`, dove per prima cosa viene controllato che lo stato dell'indirizzo sia uguale alla costante `ITALIA` definita nella classe `Indirizzo`. In caso negativo viene sollevata una eccezione che indica che l'indirizzo passato non è valido.

```
public class ClienteNazionale {
     Indirizzo indirizzo;
     void setIndirizzo(Indirizzo indirizzo) {
             if (!indirizzo.getStato().equals(
                             Indirizzo.ITALIA)) {
                     throw new
                     IllegalArgumentException(
                     "Utilizzare solo " +
                     "indirizzi locali");
             }
             this.indirizzo = indirizzo;
     }
}
public class Indirizzo {
     static final String ITALIA = "it";
     public String getStato() {
             //da fare
     }
}
```

Questa è solo una delle numerose possibilità di implementazione di un vincolo. Un'altra strada è quella di utilizzare un oggetto collegato a quello principale che si occupa di eseguire tutti i controlli. Un altro elemento da considerare è la tipologia di operazione da intraprendere se il vincolo viene violato. In questo caso viene sollevata un'eccezione in fase di aggiunta, ma in altri casi si potrebbe voler seguire una strada diversa. Per esempio, solitamente gli errori di compilazione di un modulo (sia Web che in una applicazione a finestre) vengono presentati tutti insieme e non interrompono il flusso di lavoro. Si potrebbe quindi implementare un metodo di controllo per la validazione dell'intero oggetto. Queste considerazioni evidenziano come uno stesso diagramma UML potrebbe di fatto essere tradotto in software in molti modi diversi.

È possibile specificare anche il nome di un vincolo, per esempio per renderlo più velocemente identificabile in fase di discussione. In questo caso è sufficiente mettere il nome prima del vincolo, separandolo con i due punti. Nell'esempio si sarebbe potuto scrivere:

```
{clienti italiani: solo indirizzi in Italia}
```

Vincoli complessi

Esiste inoltre la possibilità che determinati vincoli siano particolarmente complessi e che non possano trovare posto sopra la linea di associazione, composizione o aggregazione. Qui non si intende una complessità funzionale o difficoltà tecnica di implementazione, ma solo la necessità di riportare indicazioni di una certa lunghezza testuale, scomode da indicare nel poco spazio disponibile. In questi casi è possibile utilizzare una nota, che è semplicemente un riquadro che contiene del testo.

Si ipotizzi dunque di voler descrivere più dettagliatamente il vincolo espresso nella Figura 2.17, e di voler indicare specificatamente la sua implementazione (si prenderà a riferimento quella svolta nell'esempio di codice precedente). Si può rappresentare questo vincolo con una nota, come riportato in Figura 2.18.

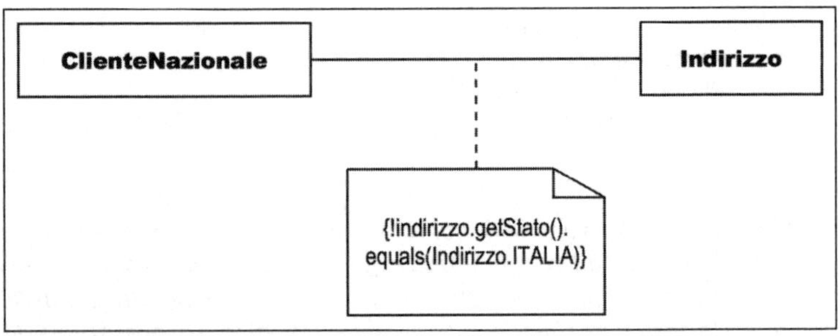

Figura 2.18 Le note possono essere utilizzate per riportare vincoli complessi.

Le note sono caratterizzate da un riquadro che riporta in un angolo una specie di "piega". Sono unite al loro contesto attraverso una linea tratteggiata. In questo caso, la nota è legata ad una linea di associazione, e contiene del testo delimitato da parentesi graffe. Questi due elementi la identificano come vincolo.

Le note sono un meccanismo standard di UML per introdurre ulteriori informazioni all'interno dei diagrammi. È possibile utilizzare le note per descrivere meglio anche le classi stesse. Ma non solo: le note possono essere impiegate in qualsiasi diagramma UML, per documentare ulteriormente quanto presente.

Caratteristiche

Fino ad ora sono stati affrontati tutti gli aspetti relativi alle relazioni che possono intercorrere tra le classi: generalizzazione, associazione, composizione, aggregazione e dipendenza. È giunto il momento di entrare nel dettaglio delle singole classi. Come sappiamo, nella programmazione orientata agli oggetti, una classe è definita da due elementi: dati e metodi.

Con UML è possibile definire in modo abbastanza preciso la presenza di questi elementi fondamentali. Con un diagramma di classe è possibile però solo indicare la firma degli stessi, mentre l'implementazione dei metodi è rimandata ad altri diagrammi, come quelli di sequenza.

Nella terminologia UML, le informazioni sono dette attributi, *mentre i metodi* operazioni.

Attributi

Gli attributi si rappresentano in una classe indicandone il nome al di sotto del nome della classe. L'elenco degli attributi è delimitato da righe orizzontali (Figura 2.19).

Figura 2.19 La classe Soggetto prevede i tre attributi intestazione, indirizzo ed email.

La forma vista in Figura 2.19 è la più semplice possibile, in quanto prevede solo i nomi degli attributi. Ma le informazioni che possono essere specificate per ciascun attributo sono molte di più. Per prima cosa è possibile specificare il tipo di dato, indicandolo dopo il nome dell'attributo, da cui è separato da un carattere di due punti (Figura 2.20).

Figura 2.20 Agli attributi della classe Soggetto è stato aggiunto il tipo di dato.

Un altro elemento grafico che è possibile utilizzare in merito agli attributi, è la visibilità, che indica per esempio se un dato attributo è protetto o privato. In quest'ultimo caso il simbolo da utilizzare è "-".

In Figura 2.21 è presente lo stesso diagramma della Figura 2.20, ma, in più, indica che gli attributi hanno visibilità privata.

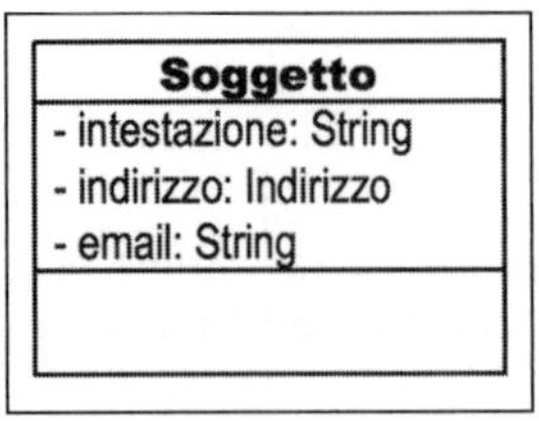

Figura 2.21 In questa versione della classe Soggetto tutti gli attributi sono privati.

La scelta della visibilità di un attributo è un'altra situazione dove "meno è meglio". Si può infatti decidere di limitare la scelta alle opzioni "privato" e "pubblico". I diagrammi ne risultano semplificati e spesso si evita di approfondire un aspetto che potrebbe essere difficoltoso da definire in fase di progettazione.

Le diverse visibilità possibili sono riassunte nella Tabella 2.2.

Simbolo	**Significato**
+	pubblico
#	protetto
~	package
-	privato

Tabella 2.2 Modificatori di visibilità contemplati dallo standard UML.

Come per tutti gli altri elementi grafici UML, la mancanza della visibilità non determina alcun comportamento di default. Semplicemente, quello specifico diagramma non indica se gli attributi devono essere privati, pubblici, protetti o altro. Quindi, il diagramma in Figura 2.20 semplicemente non dà indicazioni sulla visibilità degli attributi.

La parte di specifica UML 2.0 che descrive formalmente il significato delle diverse visibilità è alquanto complessa. Conviene invece adottare per convenzione il significato legato al linguaggio di programmazione utilizzato per il progetto.

Negli attributi è anche possibile specificare la molteplicità, concetto ampiamente discusso in precedenza. Per esempio, nel diagramma della Figura 2.7 è indicata la presenza di una associazione tra la classe `Soggetto` e `Indirizzo` con molteplicità 1..*. Come già accennato, è possibile rappresentare un campo di una classe in due modi: come attributo e come associazione. Nella Figura 2.7 è stata illustrata l'associazione, mentre in Figura 2.22 la stessa situazione viene rappresentata utilizzando gli attributi.

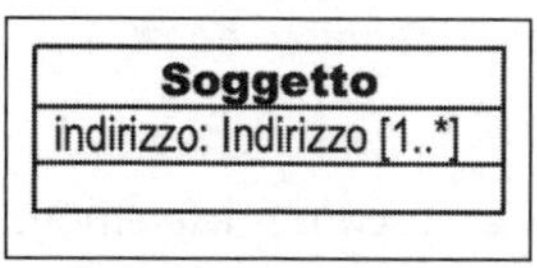

Figura 2.22 Negli attributi è possibile specificare anche la molteplicità.

In alcuni casi gli attributi possono avere un valore di default. Questo avviene spesso quando un campo è utilizzato per contenere una costante. UML consente di specificare il valore di default di un attributo facendo seguire al tipo, ed eventualmente alla molteplicità, il simbolo dell'uguale seguito dal valore di default. Per esempio, si consideri il codice corrispondente al diagramma della Figura 2.11. Le costanti della classe `Soggetto` potrebbe essere rappresentata in UML come presentato in Figura 2.23.

Si noti che nel listato le costanti sono definite `final` *e* `static`*, mentre nel diagramma in Figura 2.23 questi ulteriori elementi non sono stati tradotti. Gli elementi costanti e statici saranno discussi a breve.*

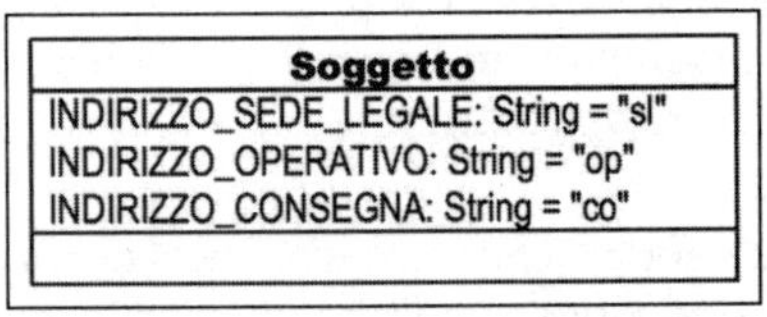

Figura 2.23 Per ciascun attributo è possibile specificare un valore di default.

L'ultimo elemento che è possibile specificare in un attributo è un insieme di parole chiave, delimitate da parentesi graffe, che possono dare ulteriori indicazioni al lettore del diagramma. Quelle previste da UML 2.0 sono:

- `{readOnly}`. Specifica che l'attributo è in sola lettura.
- `{union}`. Specifica che l'attributo è l'unione dei suoi sottoinsiemi.
- `{subsets nome-proprietà}`. Specifica che l'attributo è un sottoinsieme della proprietà indicata.
- `{redefines nome}`. Specifica che l'attributo ridefinisce *nome*.
- `{ordered}`. Individua un insieme ordinato.
- `{bag}`. Specifica che l'attributo è un insieme che consente elementi duplicati.
- `{seq ¦ sequence}`. Specifica che l'attributo è un insieme ordinato che consente elementi duplicati.

Formalmente, la sintassi completa di un attributo è la seguente (gli elementi tra parentesi quadra sono opzionali):

```
[visibilità] [/] nome [: tipo] [molteplicità]
     [= default] [{proprietà}]
```

La barra, opzionale, indica che l'attributo è derivato dalla superclasse.

Un'altra possibilità offerta da UML è la rappresentazione di elementi statici. Per indicare che una proprietà è statica è sufficiente sottolinearla. In Figura 2.24 è presente la classe `Semi`, utile per un eventuale gioco di carte, che definisce le quattro costanti:

- `CUORI;`
- `QUADRI;`
- `FIORI;`
- `PICCHE.`

Il codice corrispondente al diagramma è il seguente:

```
public class Semi {
     public static final int CUORI = 1;
     public static final int QUADRI = 2;
     public static final int FIORI = 3;
     public static final int PICCHE = 4;
}
```

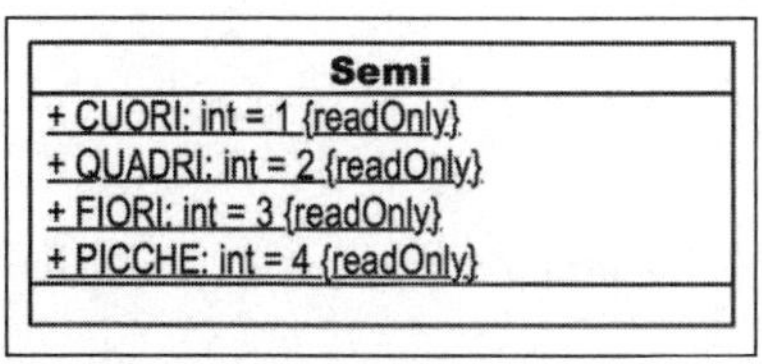

Figura 2.24 La classe Semi contiene quattro costanti statiche.

Operazioni

Dopo aver approfondito le convenzioni per la rappresentazione degli attributi nelle classi, passiamo ora alla discussione degli elementi gemelli degli attributi, e cioè le operazioni. Come già accennato in precedenza, a livello software le operazioni si traducono in metodi della classe. Si noti che il diagramma di classe non consente di specificare l'algoritmo presente nel metodo, ma solo la sua firma.

La definizione delle operazioni è molto simile a quella degli attributi. Un esempio molto semplice è rappresentato nella Figura 2.25:.dove vediamo come si realizza la classe `Cliente`, per cui è definita l'operazione `inviaComunicazione`, che ha lo scopo di inviare un messaggio di posta elettronica al cliente.

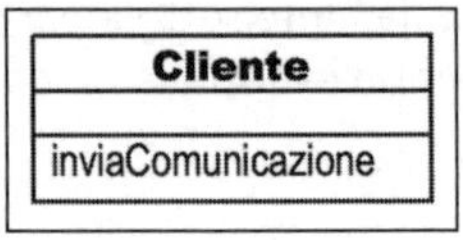

Figura 2.25 Nel diagramma di classe è possibile includere i metodi in stessa presenti.

In modo similare agli attributi, per ciascuna operazione è possibile definire la visibilità e un insieme di parole chiave. Diversamente dagli attributi, invece, con le operazioni è possibile specificare un elenco di parametri, con i relativi tipi di dato e un valore di ritorno.

In Figura 2.26 c'è lo stesso metodo presente nella figura precedente, ma questa volta ci sono anche parametri e tipo di ritorno.

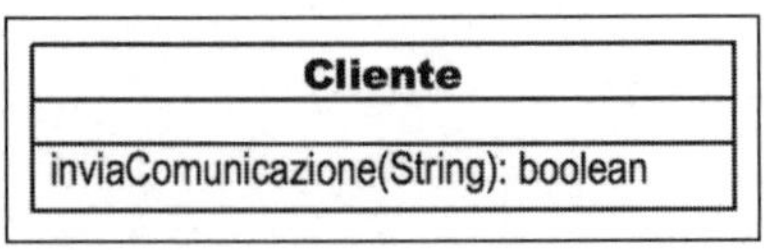

Figura 2.26 Per ciascuna operazione è possibile specificare un elenco di parametri e un tipo di ritorno.

In questo esempio si ipotizza che l'unico parametro del metodo, il messaggio da inviare al cliente, sia di tipo `String`. Il metodo ritorna un valore booleano per indicare se il messaggio è stato spedito con successo o meno.

Per ciascun parametro è possibile definire diverse informazioni, ma sicuramente quella più importante è il nome, che permette di fornire una immediata indicazione al lettore dello scopo del parametro. In Figura 2.27 è presente una variante del diagramma precedente che include anche il nome di parametro.

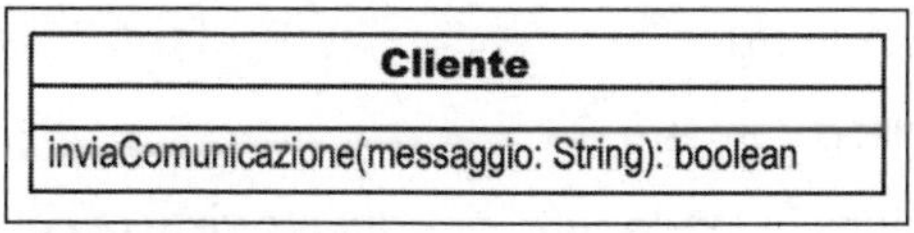

Figura 2.27 Il nome dei parametri sono un'utile indicazione dello scopo dei parametri.

L'indicazione dei nomi dei parametri è particolarmente utile quando l'elenco dei parametri è costituito da un nutrito numero di elementi e, a maggior ragione, se questi sono dello stesso tipo o di pochi tipi diversi. Per esempio, un elenco di parametri composto da cinque stringhe, privo di nomi dei parametri, risulta poco leggibile. Quindi, invece di essere chiarificatore per il lettore, probabilmente potrebbe confonderlo.

Il codice corrispondente al diagramma è il seguente (il modificatore `public` è presente nel codice anche se nel diagramma non è indicato):

```
public class Cliente {

     public boolean inviaComunicazione(
             String messaggio) {

     }

}
```

Formalmente, la sintassi completa di un'operazione è la seguente (gli elementi tra parentesi quadra sono opzionali):

```
[visibilità] nome [(lista-parametri)]
     [: tipo-ritorno] {proprietà}
```

ciascun elemento nella lista dei parametri è definito formalmente come segue:

```
[direzione] [nome:] tipo [=default]
```

dove:

- la direzione indica se un parametro è di input, output o entrambi. Rispettivamente, queste eventualità si indicano con `in`, `out`, `inout`. Se non è presente alcuna indicazione si assume che il parametro sia di input.

- Il nome è quello del parametro.
- Il tipo è il tipo di dato del parametro.
- Il valore di default funziona in modo similare a quanto visto per gli attributi, indicando il valore del parametro in caso non venga passato nulla.

Per rappresentare operazioni statiche si utilizza la stessa modalità vista per gli attributi: l'intera riga dell'operazione deve essere sottolineata.

Un'altra caratteristica spesso presente in nei linguaggi di programmazione orientati agli oggetti è la possibilità di definire metodi astratti. Questi sono privi di implementazione, la quale è rimandata alle sottoclassi. Se una classe contiene almeno un metodo astratto, è essa stessa astratta. Spesso si utilizzano operazioni astratte per impostare la struttura di un algoritmo o di un sistema e fare in modo che le sottoclassi e le implementazioni relative abbiano già pronto uno schema da seguire. In UML gli elementi astratti si scrivono in corsivo.

Classi e parole chiave

Le classi possono essere ulteriormente arricchite di informazioni specificando eventuali parole chiave sopra al nome della classe. Attraverso questo strumento è possibile rappresentare interfacce, classi astratte o enumerazioni.

Classi astratte

Poche righe fa abbiamo detto che, solitamente, una classe è astratta quando contiene almeno un metodo astratto e che questi si evidenziano scrivendoli in corsivo. Per rendere esplicito il fatto che una classe è astratta è possibile utilizzare la parola chiave `{abstract}`. Si noti inoltre che il suo uso è utile anche quando si ha una classe che è astratta ma non contiene metodi astratti. Ogni tanto questo avviene all'interno in software di tipo framework. Per esempio è una prassi comune, utilizzando il linguaggio Java:

- definire una interfaccia.
- Definire una classe astratta che implementa l'interfaccia.

- Implementare concretamente i metodi dell'interfaccia ma lasciandoli vuoti, o con un comportamento di default.

Un esempio in codice di quanto esposto:

```
public interface FiltroDati {

     String filtra(String valore);
     boolean verifica();

}
public abstract class AbstractFiltroDati
             implements FiltroDati {

     public boolean verifica() {
             return true;
     }

     public String filtra(String valore) {
             return valore;
     }

}
```

In questo modo la classe astratta viene utilizzata come base per la creazione di software basato su quel dato framework.

Tornando a UML, nella Figura 2.28 c'è la classe astratta `Soggetto`, che definisce il metodo astratto `inviaComunicazione()`. La classe `Cliente` deriva da `Soggetto`.

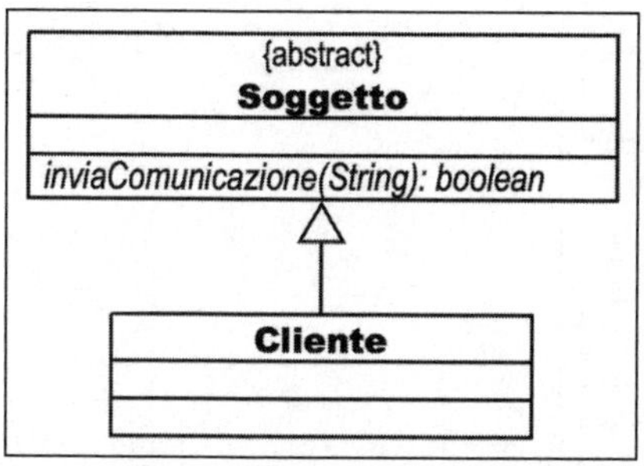

Figura 2.28 Per definire classi astratte si utilizza la parola chiave {abstract}.

Quindi si può dedurre che, poichè `Cliente` non è marcata come classe astratta, questa sia una classe concreta. Come tale, non può contenere metodi astratti e dunque in `Cliente` dovrà essere presente una implementazione del metodo `inviaComunicazione()`.

È possibile abbreviare `{abstract}` *con* `{A}`.

Interfacce

Un tipo particolare di classe astratta è l'interfaccia, che può essere pensata come un tipo particolare di classe, dove tutti i metodi sono astratti. La nozione di interfaccia UML corrisponde a quelle presenti in Java e C#. La parola chiave che identifica le interfacce è `«interface»`, abbreviabile con `«I»`. Si noti che in questo caso è necessario utilizzare le parentesi uncinate, diversamente dalle classi astratte, la cui parola chiave è delimitata da parentesi graffe. Il motivo è dovuto all'evoluzione storica di UML.

Nella Figura 2.29 vediamo la rappresentazione UML delle classi `FiltroDati` e `AbstractFiltroDati`. Si noti che la linea che unisce la classe e l'interfaccia è tratteggiata e non continua. La punta è invece la medesima di quella utilizzata per rappresentare l'ereditarietà tra classi.

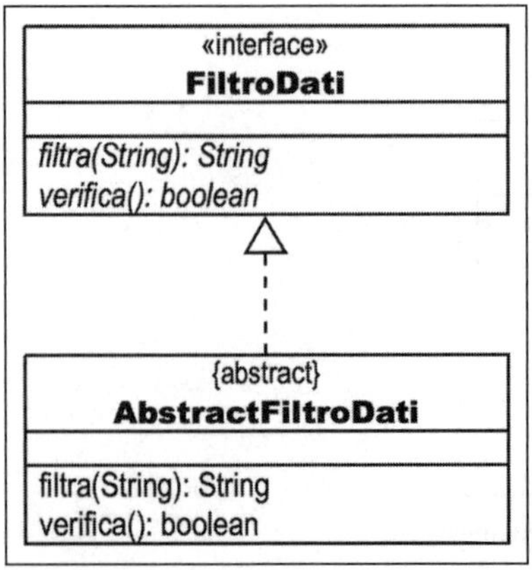

Figura 2.29 Le interfacce vengono identificate dalla parola chiave «interface».

Per rappresentare le interfacce è possibile utilizzare anche un diverso simbolo grafico, chiamato *lecca-lecca* (lollipop). Si consideri la situazione illustrata in Figura 2.30, è presente ancora l'interfaccia `FiltroDati` e la sua implementazione `AbstractFiltroDati`. C'è poi la classe `ElaboratoreDati` che utilizza in qualche modo l'interfaccia `FiltroDati`.

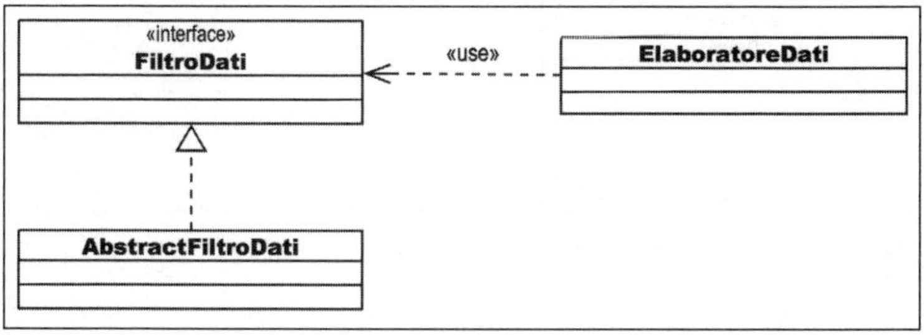

Figura 2.30 Un modo semplice per rappresentare l'uso di interfacce.

La stessa situazione è rappresentabile in modo più compatto utilizzando un apposito simbolo, illustrato in Figura 2.31. Qui troviamo sempre la classe `ElaboratoreDati` che utilizza la classe `AbstractFiltroDati`, ma attraverso l'interfaccia `FiltroDati`, il cui nome è riportato vicino al "lecca-lecca". In questo modo si sottolinea come la connessione tra le due classi avviene attraverso una interfaccia, il cui nome è riportato nel diagramma senza la necessità di disegnare un riquadro apposito.

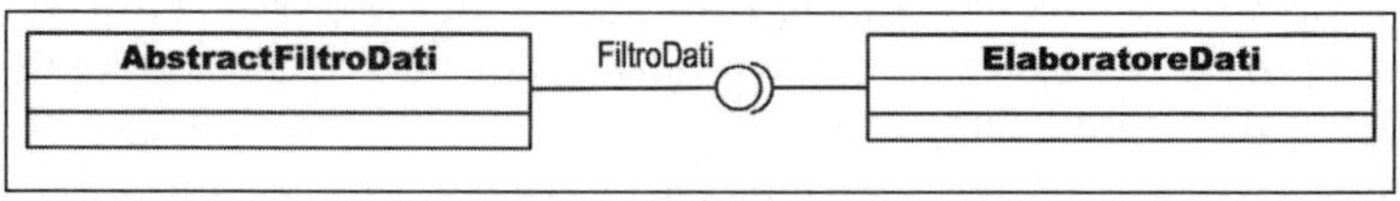

Figura 2.31 Rappresentazione di interfacce attraverso lecca-lecca.

La forma del simbolo grafico del lecca-lecca allude volutamente al fatto che siamo di fronte a una "connessione" tra elementi, in modo similare a quello che avviene tra una presa di corrente e la spina di un elettrodomestico, attraverso un formato (interfaccia) condiviso da entrambe le parti.

Enumerazioni

Un'altra importante parola chiave è «`enumeration`», che viene utilizzata per definire enumerazioni, che sono in sostanza un insieme di valori predefiniti. Una enumerazione in UML è una classe, marcata con questa parola chiave. Un esempio lo vediamo in Figura 2.32.

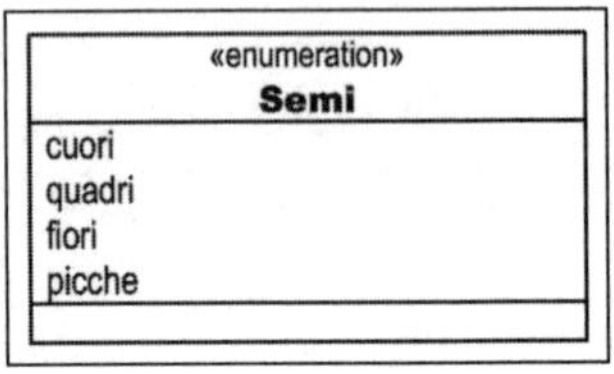

Figura 2.32 Rappresentazione di enumerazioni in UML.

I diversi linguaggi di programmazione hanno modi diversi per implementare le enumerazioni. In Java, a partire dalla versione 5.0, è possibile utilizzare la parola chiave `enum`.

Classi parametriche

Un'altra funzionalità importante di molti linguaggi orientati agli oggetti, come C++, C# o Java, è il supporto alle classi parametriche, dette anche template o generiche. L'impiego principale di questi elementi è quello di tipizzare l'accesso alle strutture dati in modo da rendere il codice relativo più sicuro e compatto.

Per esempio, il seguente pezzo di codice contiene una classica iterazione su una collezione, che viene elaborata per eliminare le stringhe vuote:

```
void rimuoviVuote(Collection c) {
     for (Iterator i = c.iterator(); i.hasNext(); )
             if (((String)i.next()).length() == 0)
                     i.remove();
}
```

Ovviamente è necessario che ciascun elemento contenuto sia di tipo stringa, pena la generazione di un errore di tipo in fase di esecuzione. In Java 5.0, lo stesso codice può essere scritto in questo modo:

```
void rimuoviVuote(Collection<String> c) {
     for (Iterator i<String> = c.iterator();
                    i.hasNext(); )
             if (i.next().length() == 0)
                    i.remove();
}
```

In sostanza, il controllo sul tipo viene anticipato dalla fase di esecuzione alla fase di compilazione.

Nei diagrammi di classe le classi parametriche si indicano come le normali classi, ma con in più un riquadro tratteggiato che contiene il parametro del template (Figura 2.33).

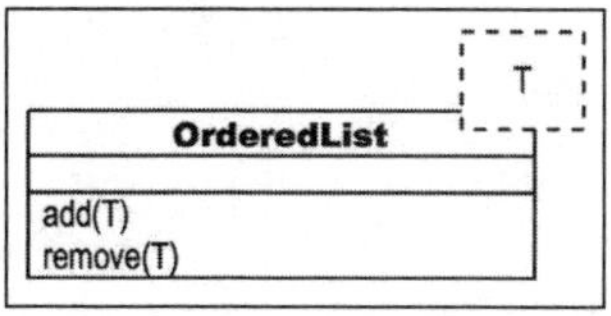

Figura 2.33 Per le classi parametriche è necessario definire un template.

Il codice relativo al diagramma è il seguente:

```
class OrderedList <T> {
     void add(T elemento);
     void remove(T elemento);
}
```

Quando si impiega la classe parametrica in modo concreto, associando al parametro un tipo di dato specifico, è sufficiente specificare la classe di parametro nel riquadro della classe derivata (Figura 2.34).

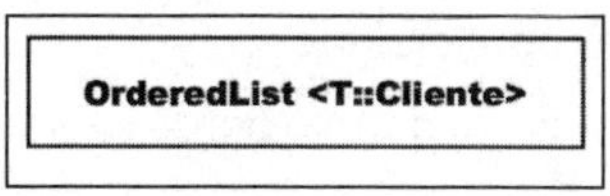

Figura 2.34 Utilizzo di OrderedList con il parametro Cliente.

In alternativa a quanto visto in Figura 2.34 è possibile rendere esplicita la relazione tra la classe parametrica e quella derivata utilizzando una generalizzazione e indicando come parola chiave «`bind`» (Figura 2.35).

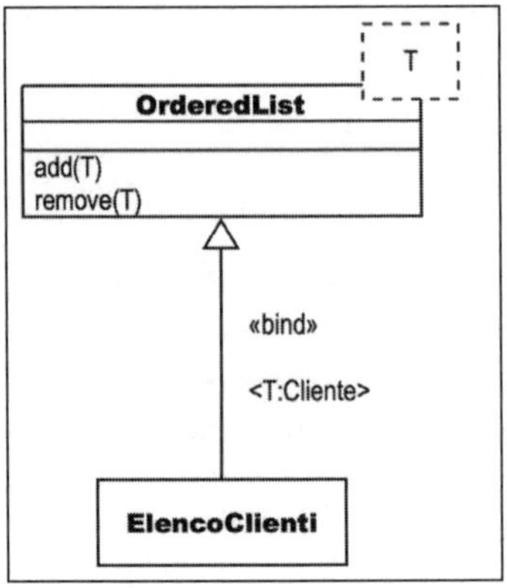

Figura 2.35 Un modo alternativo per esplicitare l'utilizzo di una classe parametrica.

Classi attive

Le classi attive hanno la caratteristica di girare all'interno di un proprio specifico thread. Le invocazioni dei metodi dunque avvengono in un thread separato, gestito dalla classe attiva. Una situazione in cui può essere utile questo tipo di comportamento, per esempio, è quando un'operazione può essere in qualche modo asincrona rispetto alle normali operatività applicative. Si ipotizzi di avere a disposizione una classe che si occupa di inviare messaggi di posta elettronica. Non è necessario che l'applicazione che desidera inviare una comunicazione ad un cliente dell'azienda rimanga in attesa finché non termini il dialogo con il server di posta in uscita. Può essere più efficiente implementare una coda di richieste in un thread specifico, gestito da un componente che si occupa di ricevere le comunicazioni, comporre i messaggi di posta e inviarli, in modo asincrono rispetto all'applicazione.

In UML le classi attive vengono identificate da un doppio bordo laterale, come illustrato in Figura 2.36.

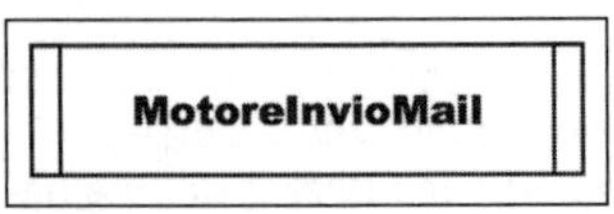

Figura 2.36 Le classi attive sono identificate da due bande laterali.

Classi interne

Alcuni linguaggi, come per esempio Java, permettono di definire *classi interne*. Queste sono classi esistenti in altre classi, nate per semplificare il codice e aumentare il controllo nella visibilità in quei casi dove il contesto è molto ristretto. In questo modo si riduce il numero totale di classi di primo livello, cioè visibili all'interno di uno stesso package, di fatto riducendo la complessità percepita. Spesso le classi interne si utilizzano per implementare semplici interfacce utili alla sola elaborazione locale della classe di appartenenza, oppure per gestori di eventi, o ancora per implementare semplici adattatori o classi di supporto.

Nei diagrammi di classe è possibile rappresentare una classe interna utilizzando un classico riquadro di classe, che però viene associato alla classe di appartenenza per mezzo di una linea continua che termina con un segno di addizione contornato da un cerchio.

Per esempio, si ipotizzi di avere una classe `ElencoClienti`, che gestisce un elenco di oggetti di tipo `Cliente`. Si potrebbe voler offrire agli utilizzatori l'elenco dei clienti ordinato per ragione sociale alfabeticamente. Per farlo è possibile implementare un oggetto che esegue il confronto tra oggetti di tipo `Cliente` per indicare quale viene prima e quale viene dopo. Questo confronto è alla base di tutti gli algoritmi di ordinamento ed è il meccanismo implementato dalla piattaforma Java per offrire un algoritmo generico di ordinamento per le strutture dati. La classe `ClienteComparator`, che implementa questo confronto, può essere definita localmente alla classe `ElencoClienti`, in quanto la sua importanza è marginale e il suo uso limitato alla classe `ElencoClienti`. In UML questo si rappresenta come illustrato in Figura 2.37.

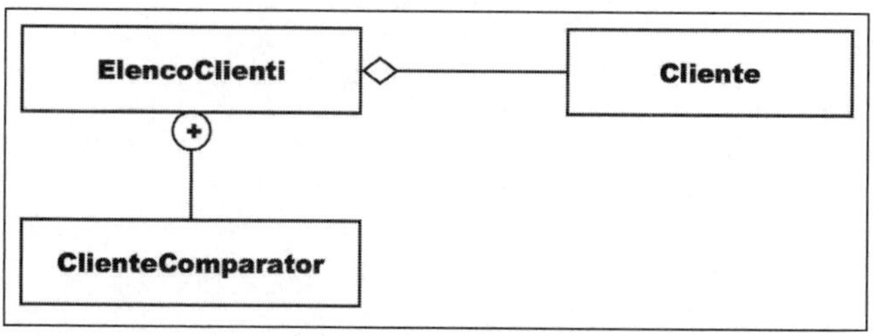

Figura 2.37 Le classi interne in UML prevedono l'uso del simbolo + racchiuso da un cerchio.

Il codice corrispondente al diagramma è il seguente:

```
public class ElencoClienti {

    class ClienteComparator {

    }

}

public class Cliente {

}
```

Capitolo 3

Diagrammi di sequenza

Nel capitolo precedente abbiamo visto come illustrare le classi che compongono un sistema software ed esprimere relazioni e vincoli tra loro. Un punto di vista statico è però un modo limitato per studiare un sistema software, in quanto non può mettere in evidenza il suo comportamento in un ambiente dinamico, che è la normale modalità di funzionamento del software.

UML mette a disposizione un completo insieme di diagrammi d'interazione, il cui scopo è quello di evidenziare le modalità di dialogo tra gli elementi del software. Riveste grande importanza il diagramma di sequenza, che è utilizzato per mostrare il comportamento del software in uno specifico scenario operativo.

Gli elementi compositivi di tale diagramma sono principalmente i *partecipanti*, che evidenziano gli elementi software, come gli oggetti, che intervengono in un dato processo.

I partecipanti sono disegnati come riquadri nella parte alta del diagramma. Da ciascuno di questi discende una linea verticale tratteggiata, che rappresenta la progressione temporale delle operazioni. Da questa linea, una serie di frecce collega i singoli partecipanti in modo opportuno e in specifici momenti del ciclo di vita del software. I diagrammi di sequenza si leggono dunque da sinistra a destra, iniziando dall'alto e procedendo verso il basso.

Un'immagine vale più di mille parole, quindi si osservi la Figura 3.1, che illustra un esempio di diagramma di sequenza per l'ottenimento di uno specifico oggetto `Cliente` dal relativo elenco.

In questo caso i tre partecipanti sono i seguenti oggetti:

- `elencoClienti` rappresenta l'elenco dei clienti gestiti dal sistema e offre i relativi metodi d'accesso. Il metodo principale è `getCliente()`, che ritorna uno specifico oggetto `Cliente` sulla base dell'id passato come parametro.

- `clientiCache` è una cache di oggetti `Cliente`, che si occupa di mantenere in memoria l'elenco degli oggetti e gestisce le politiche di caricamento e scaricamento di queste richieste dalla memoria.
- `clientiDAO` è l'oggetto che si occupa di effettuare l'accesso ai dati. DAO sta per Data Access Object, nome che è anche quello di un famoso Design Pattern. In questa classe è presente solo il codice che accede ai dati, implementato con API quali JDBC o ADO.NET.

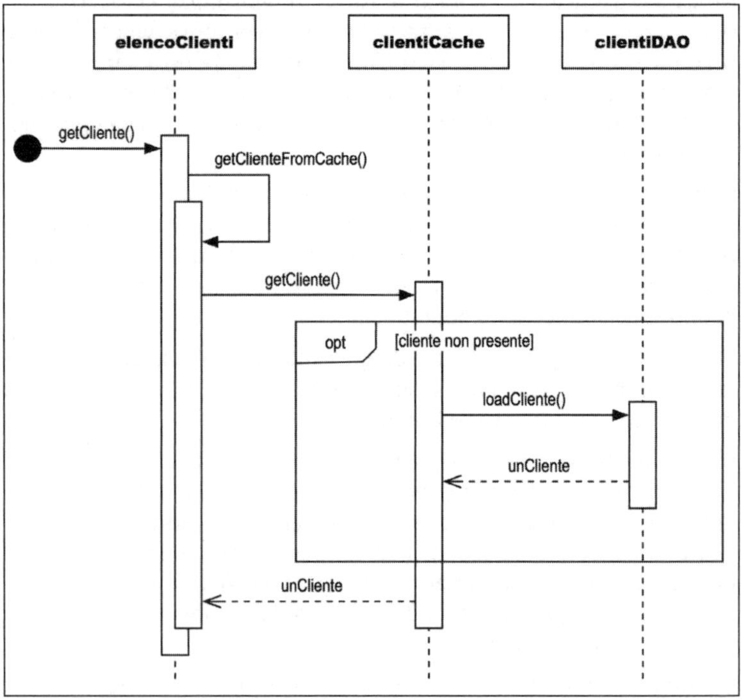

Figura 3.1 Un semplice esempio di diagramma di sequenza.

Questi tre oggetti iniziano con una lettera minuscola, in quanto si tratta di oggetti e non di classi. Utilizzando questa nomenclatura ci si rende conto che si tratta di un oggetto ed inoltre è suggerito automaticamente il nome della classe di appartenenza. Per esempio `clientiDAO` *è di classe* `ClienteDAO`.

Un'altra convenzione molto utilizzata per definire i nomi dei partecipanti è di anteporre al nome della classe le lettere "un" per indicare che l'oggetto è un oggetto di quel tipo. Nel caso di `ClienteDAO` *si avrebbe dunque* `unClienteDAO`.

Il diagramma inizia con il cerchio nero a sinistra, che generalmente in UML rappresenta il punto d'inizio di un diagramma d'interazione. La freccia che lo unisce alla linea di vita di `elencoClienti` rappresenta l'invio di un messaggio a questo partecipante. Come si nota, si utilizzano linee continue che terminano con una freccia piena. Sopra alla linea si indica il messaggio inviato, che nei termini pratici della prospettiva software, equivale al nome di un metodo sull'esistente nella classe di destinazione. Ciascuna elaborazione locale ad un partecipante è evidenziata con un rettangolo bianco, che si estende in orizzontale ad evidenziare la durata dell'invocazione del metodo. Nel caso di `elencoClienti` ci sono due chiamate annidate, quindi si notano due rettangoli sovrapposti.

Il resto del diagramma si legge con le stesse regole, quindi è possibile recitarlo in questo modo:

- è invocato il metodo `getCliente()` sull'oggetto `elencoClienti`.
- Questo invoca il metodo `getClienteFromCache()` sullo stesso oggetto.
- Quest'ultimo metodo chiama `getCliente()` sull'oggetto `clientiCache`.
- Quest'ultimo metodo chiama `loadCliente()` sull'oggetto `clientiDAO`, ma solo se il cliente non è già presente in cache.
- `clientiDAO` carica i dati del cliente dalla base dati, istanzia un oggetto di tipo `Cliente` e lo ritorna a `clientiCache`.
- `clientiCache` ritorna l'oggetto `Cliente` a `elencoClienti`.

Si noti che un ritorno da parte di un metodo si evidenzia con una linea tratteggiata che termina con una punta di freccia aperta.

Il primo messaggio del diagramma non proviene da un partecipante, ma da una fonte esterna non precisata: si definisce dunque messaggio trovato. *Il nome presuppone che non se ne conosce l'origine. In modo similare, i messaggi che non ottengono risposta sono detti* messaggi perduti.

Il codice corrispondente al diagramma in Figura 3.1 è riportato di seguito. Leggendolo, si potrà ricostruire il flusso operativo descritto nel diagramma. Si noti che sia la classe `Cliente` che `ClienteDAO` sono solo un abbozzo e non hanno, per questioni di semplicità e brevità, una implementazione completa.

```
/**
 * ElencoClienti
 */
package com.apogeoeditore.pocketUML.cap03.fig01;

public class ElencoClienti {

     ClientiCache clientiCache;

     public Cliente getCliente(String id) {
             return getClienteFromCache(id);
     }

     private Cliente getClienteFromCache(String id) {
             return clientiCache.getCliente(id);
     }
}
/**
 * ClientiCache
 */
package com.apogeoeditore.pocketUML.cap03.fig01;

import java.util.Map;

public class ClientiCache {

     Map cache;
     ClientiDAO clientiDAO;

     public Cliente getCliente(String id) {
             Cliente result = (Cliente)
                     cache.get(id);

             if (result == null) {
                     result =
                         clientiDAO.loadCliente(id);
                     cache.put(id, result);
             }

             return result;
     }

}
/**
 * ClientiDAO
```

```
 */
package com.apogeoeditore.pocketUML.cap03.fig01;

public class ClientiDAO {

     public Cliente loadCliente(String id) {
             //carica il cliente dal database
             return null;
     }

}
/**
 * Cliente
 */
package com.apogeoeditore.pocketUML.cap03.fig01;

public class Cliente {

     String id;

}
```

Controllo decisionale e iterazioni

Nel precedente esempio è stato necessario indicare sul diagramma un controllo condizionale, utilizzato per determinare se eseguirne o no una parte. Le parti condizionate sono delimitate da un riquadro che riporta nel vertice superiore sinistro un'etichetta che specifica la tipologia di condizione (ciclo, controllo ecc.) e sono dette *frammenti*. Si noti come quest'etichetta è contenuta in un riquadro che ha un vertice "tagliato". In seguito al tipo di condizione, chiamato *operatore*, è riportata l'espressione, che può essere indicata in un linguaggio naturale o di pseudocodifica, ma che a ogni modo deve essere chiaro per il lettore.

Nell'esempio è stato indicato che il blocco di interazioni è "opzionale" (`opt`). La condizione riportata è:

```
cliente non presente
```

che è sufficientemente auto-esplicativa. Altri esempi di condizioni possono essere:

```
cliente != null
prodotto.importo > 100
!trovato
prodotto.sconto < 10 && prodotto.importoIva = 4
```

Altri operatori possibili includono tra l'altro condizioni, cicli e threading.

L'operatore gemello di `opt` è `alt`, che permette di specificare una condizione alternativa. In termini di programmazione, è una `if` con un `else`. Si può pensare dunque di estendere il diagramma precedente includendo anche il comportamento previsto nel caso il cliente sia recuperato dalla cache e non dalla base dati (Figura 3.2). Quanto rappresentato non è altro che l'algoritmo implementato nel listato precedente.

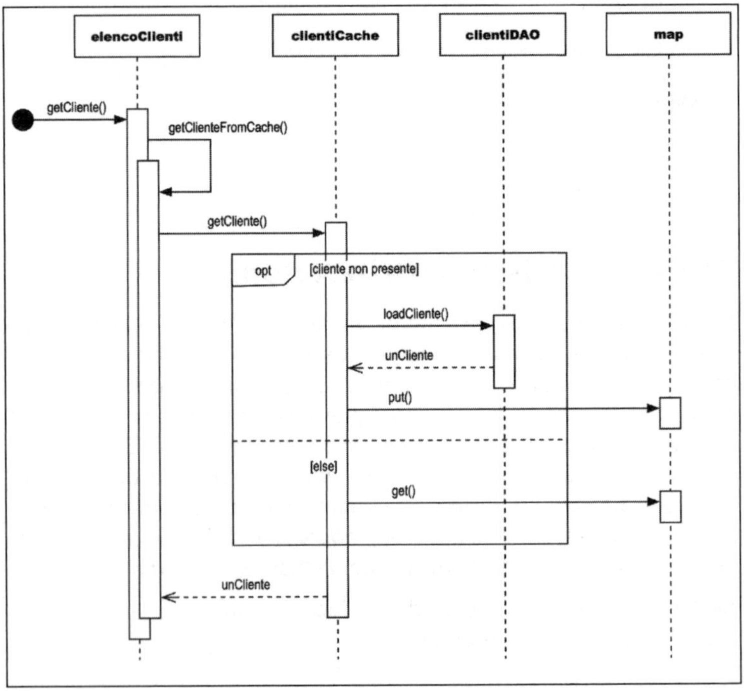

Figura 3.2 L'operatore alt permette di specificare un frammento alternativo.

Osservando la Figura 3.2, il frammento alternativo di diagramma è separato da una riga tratteggiata. Appena sotto, la guardia `[else]` indica che quello che segue è il frammento alternativo al precedente.

Un altro operatore molto importante è `loop`, che permette di specificare iterazioni. Come negli esempi precedenti, l'espressione di ciclo è indicata a fianco dell'operatore, come si evince osservando la Figura 3.3.

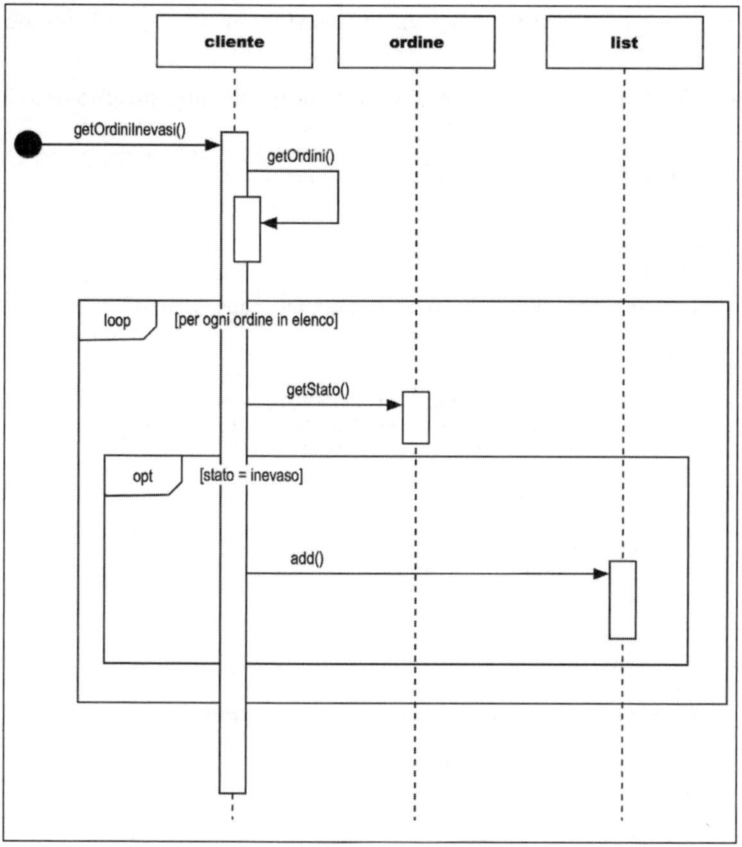

Figura 3.3 Un diagramma di sequenza con un'iterazione.

Il diagramma in Figura 3.3 si legge come segue:

- viene invocato il metodo `getOrdiniInevasi()` sull'oggetto `Cliente`.
- Questo chiama il metodo `getOrdini()` su se stesso, per ottenere un elenco degli ordini di questo cliente (si presupponga, a solo scopo didattico, che il numero di ordini per cliente sia in numero limitato, come accade nel caso di alcuni siti di e-commerce che dopo un certo periodo di tempo cancellano l'archivio degli ordini dei clienti).
- È impostata un'iterazione sull'elenco dei clienti.

- Per ciascun ordine in elenco si ottiene lo stato attraverso il metodo `getStato()`.
- Se lo stato è "inevaso", l'ordine viene aggiunto alla lista attraverso il metodo `add()`.

In codice, il diagramma si traduce come segue:

```
/**
 * Ordine
 */
package com.apogeoeditore.pocketUML.cap03.fig03;

public class Ordine {

     public static final int RICEVUTO = 0;
     public static final int INEVASO = 1;
     public static final int EVASO = 2;

     private int stato;

     public int getStato() {
             return stato;
     }
}
/**
 * Cliente
 */
package com.apogeoeditore.pocketUML.cap03.fig03;

import java.util.ArrayList;
import java.util.List;

public class Cliente {

     public Ordine[] getOrdiniInevasi() {
             List result = new ArrayList();
             Ordine[] elenco = getOrdini();

             for( int i=0; i<elenco.length; i++) {
                     if (elenco[i].getStato() ==
                                     Ordine.INEVASO) {
                             result.add(elenco[i]);
                     }
             }

             return (Ordine[])result.toArray(
                     new Ordine[ result.size() ]);
     }

     public Ordine[] getOrdini() {
```

```
                return null;
        }
    }
```

Nel codice sono presenti diversi dettagli di implementazione che non sono esplicitati nel diagramma. Questo perché si tratta di un diagramma di progettazione e non di programmazione. Inoltre, è un diagramma di sequenza e non di classe; definisce le interazioni, non la struttura completa del codice. I principali elementi presenti nel codice e non esplicitati dal diagramma sono:

- nella classe `Ordine` sono presenti più costanti che indicano gli stati possibili dell'ordine.
- L'iterazione avviene eseguendo un ciclo `for` che va da `0` alla lunghezza del vettore restituito da `getOrdini()`.
- L'oggetto concreto di tipo `List` è un `ArrayList` e viene istanziato nel metodo `getOrdiniInevasi()`. Questa è una scelta del programmatore che ha implementato il codice che non viene in alcun modo suggerita dal diagramma.
- Alla fine la lista ritorna sottoforma di vettore di oggetti `Ordine`. Anche in questo caso il diagramma non ha specificato le interfacce delle classi, che avrebbero dovuto trovare posto eventualmente in un diagramma di classe specifico.

Altri possibili operatori sono riassunti nella Tabella 3.1.

Operatore	**Descrizione**	**Significato**
`alt`	alternate	Permette di specificare due frammenti di diagramma alternativi la cui scelta è sottoposta a una condizione.
`opt`	optional	Permette di indicare che l'esecuzione di un frammento è opzionale e sottoposta a una condizione.
`par`	parallel	Indica che ogni frammento è eseguito in parallelo.
`loop`	loop	Specifica che il frammento è eseguito in una un'iterazione sottoposta alla condizione specificata.

(continua)

`region`	region	Indica una regione critica: il frammento indicato non può essere eseguito da più thread di esecuzione.
`neg`	negative	Permette di esplicitare frammenti la cui esecuzione non è valida e costituisce un altro modo per mettere in evidenza il funzionamento del sistema, questa volta in termini di operazioni non consentite piuttosto che di scenari validi.
`ref`	reference	Permette di inserire un riferimento a un altro diagramma. Questo è un modo per semplificare il disegno di diagrammi di sequenza, in modo similare alla suddivisione di un algoritmo in subroutine.

Tabella 3.1 Operatori disponibili per i frammenti.

Tipi

Fino a questo momento è stato messo in evidenza come il codice corrispondente a un diagramma di sequenza non eccessivamente dettagliato porti con sé scelte implementative che possono differire da programmatore a programmatore. Come sappiamo, UML può essere utilizzato anche come linguaggio di programmazione. Non sorprende quindi la possibilità di poter ulteriormente dettagliare questo tipo di diagrammi, per esempio esplicitando il nome e il tipo dei parametri, o descrivendo il tipo degli eventuali valori di ritorno e dei partecipanti.

In modo similare a quanto visto per i diagrammi di classe, i parametri si indicano con la seguente convenzione:

```
nome: tipo
```

per esempio, è possibile scrivere:

```
valore: integer
```

Applichiamo questa logica al diagramma precedente, indicando il parametro del metodo `add()`, che è un ordine di tipo `Ordine`. Il risultato è illustrato in Figura 3.4.

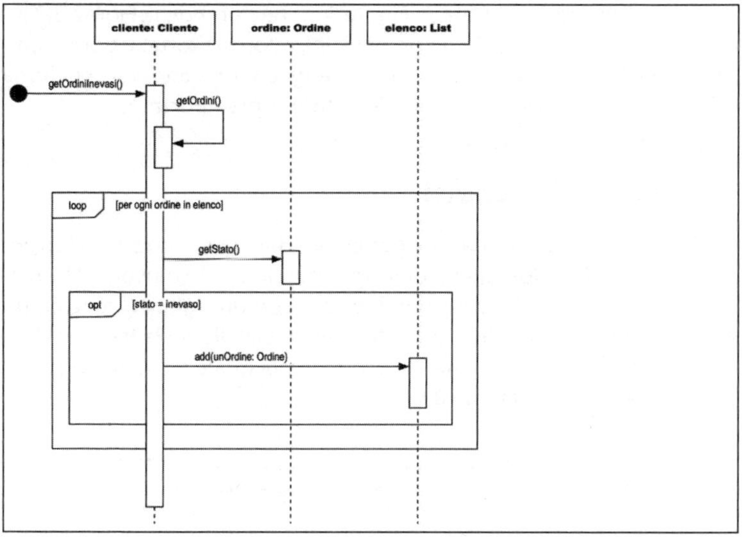

Figura 3.4 In un diagramma di sequenza è possibile specificare i parametri dei messaggi.

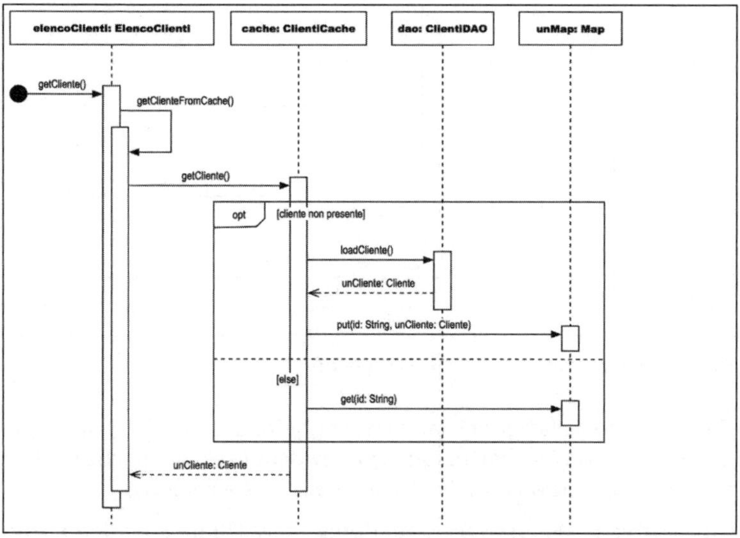

Figura 3.5 Un altro esempio dell'utilizzo dei parametri.

Un altro esempio è illustrato in Figura 3.5, che riprende la Figura 3.2 includendo però parametri, con i relativi tipi, valori di ritorno e tipi dei partecipanti. Per esempio, si notino i messaggi `put()` e `get()`, la cui firma ora rispecchia il codice presente nel listato sopra riportato.

Creazione di oggetti

In alcuni casi un partecipante deve creare dei nuovi oggetti, in funzione della specifica operatività dell'algoritmo in cui è coinvolto. Nei diagrammi di sequenza è possibile indicare che un oggetto ne crea un altro, ponendo il riquadro del partecipante a livello della freccia relativa al messaggio di creazione. Un esempio nel quale è creato l'oggetto `cliente` è visibile In Figura 3.6.

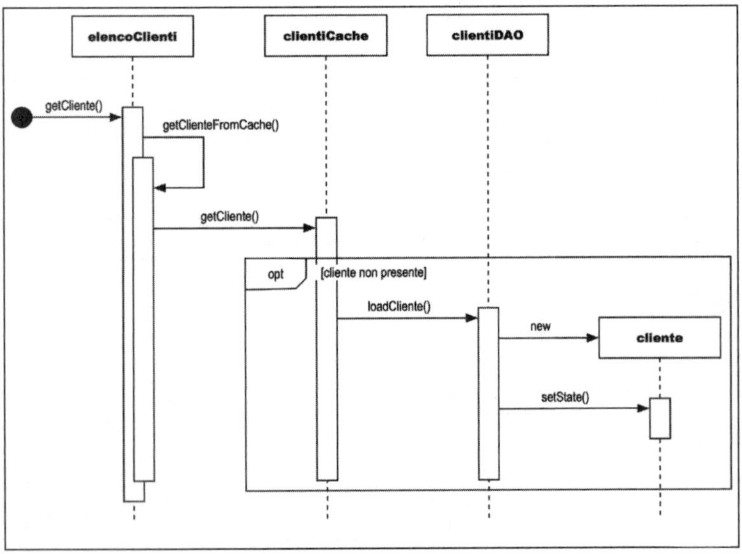

Figura 3.6 Esplicitare la creazione dell'oggetto.

Come si vede dalla figura, il fatto che l'oggetto `cliente` inizia ad apparire solo verso la fine della sequenza è evidente, per il fatto che si viene a creare uno spazio vuoto, in alto, in quella stessa colonna.

Il diagramma di Figura 3.6 è stato ripreso dalla Figura 3.1 e dettagliato diversamente. Qui, infatti, si sottolinea la creazione dell'oggetto `cliente` e l'impostazione del suo stato attraverso il metodo `setState()`. Quest'ultimo permette, infatti, di associare le informazioni relative a questo cliente caricate dalla base dati all'oggetto cliente. Diversamente dalla Figura 3.1, in questo caso, non sono stati messi in evidenza i ritorni dell'oggetto `cliente` nelle varie chiamate a metodo.

La dicitura new *in corrispondenza del messaggio di creazione è opzionale, in quanto la sola posizione del partecipante creato è visivamente molto indicativa del fatto che si sta creando un oggetto.*

Il codice relativo a questo diagramma è riportato di seguito. Si noti che per l'oggetto `Cliente` sono state specificate alcune proprietà, per rendere più chiaro lo scopo del metodo `setState()`.

```
/**
 * ElencoClienti
 */
package com.apogeoeditore.pocketUML.cap03.fig06;

public class ElencoClienti {

     ClientiCache clientiCache;

     public Cliente getCliente(String id) {
             return getClienteFromCache(id);
     }

     private Cliente getClienteFromCache(String id) {
             return clientiCache.getCliente(id);
     }
}
/**
 * ClientiCache
 */
package com.apogeoeditore.pocketUML.cap03.fig06;

import java.util.Map;

public class ClientiCache {

     Map cache;
     ClientiDAO clientiDAO;

     public Cliente getCliente(String id) {
             Cliente result = (Cliente)
                     cache.get(id);
```

```
            if (result == null) {
                    result = clientiDAO.loadCliente(
                            id
                    );
                    cache.put(id, result);
            }

            return result;
    }

}
/**
 * ClientiDAO
 */
package com.apogeoeditore.pocketUML.cap03.fig06;

public class ClientiDAO {

    public Cliente loadCliente(String id) {
            String ragioneSociale = null;
            String partitaIva = null;
            String via = null;
            String numeroCivico = null;
            String cap = null;
            String città = null;
            String provincia = null;
            //carica il cliente dal database

            Cliente cliente = new Cliente();
            cliente.setState(
                            id,
                            ragioneSociale,
                            partitaIva,
                            via,
                            numeroCivico,
                            cap,
                            città,
                            provincia);

            return cliente;
    }

}
/**
 * Cliente
 */
package com.apogeoeditore.pocketUML.cap03.fig06;

public class Cliente {

    String id;
    String ragioneSociale;
```

```
    String partitaIva;
    String via;
    String numeroCivico;
    String cap;
    String città;
    String provincia;

    public void setState(
                    String id,
                    String ragioneSociale,
                    String partitaIva,
                    String via,
                    String numeroCivico,
                    String cap,
                    String città,
                    String provincia) {

            this.id = id;
            this.ragioneSociale = ragioneSociale;
            this.partitaIva = partitaIva;
            this.via = via;
            this.numeroCivico = numeroCivico;
            this.cap = cap;
            this.città = città;
            this.provincia = provincia;
    }
}
```

Come si osserva dal codice, la classe `Cliente` *è un semplice contenitore d'informazioni.*

Chiamate asincrone

Nei diagrammi di sequenza è possibile specificare due tipologie di messaggi. Quelli descritti fino ad ora sono sincroni: perché il partecipante che ha inviato il messaggio possa procedere con la propria elaborazione, il partecipante che ha ricevuto il messaggio deve prima fornire una risposta. Questo è quello che succede solitamente, quando si invocano metodi di una classe da programma.

In alcuni contesti possono però essere utili chiamate di tipo asincrono, dove non è necessario attendere una risposta per procedere con l'elaborazione.

Le applicazioni multithreading e le architettetture basate su servizi sono alcuni dei campi in cui si utilizzano chiamate asincrone. Nel campo dei Web Service, per esempio, è comune trovare chiamate asincrone. In questi casi il client esegue una chiamata di tipo *fire and forget*, che presuppone l'invio di una richiesta al server e la chiusura della connessione prima di attendere una risposta.

Nel campo dei Web Service le chiamate sincrone si dicono anche request/response.

È possibile indicare chiamate asincrone nei diagrammi di sequenza utilizzando una freccia aperta invece che chiusa, come in Figura 3.7.

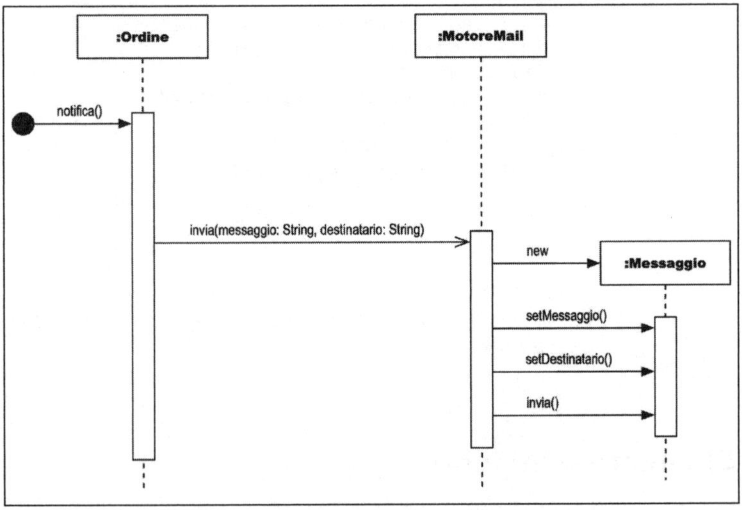

Figura 3.7 Ordine esegue una chiamata asincrona su MotoreMail.

Nel diagramma sono presenti due partecipanti principali, il primo di tipo `Ordine` e il secondo di tipo `MotoreMail` (si noti com'è possibile indicare solo il tipo del partecipante, avendo l'accortezza di farlo precedere dai due punti e che, quindi, il nome sia in realtà opzionale). Dall'esterno si richiede all'ordine, attraverso il metodo `invia()`, di eseguire la notifica di sé stesso. La notifica prevede un destinatario, che s'identifica con il cliente che ha inviato l'ordine e un messaggio, costruito dinamicamente dall'oggetto `Ordine`. Queste informazioni sono passate a `MotoreMail`, che restituisce immediatamente il controllo all'oggetto `Ordine`, liberandolo per eseguire altre operazioni. Internamente, `MotoreMail` costruisce un oggetto `Messaggio` passando il messaggio e il destinatario. Il messaggio così costruito è quindi inviato.

Qui di seguito è riportata un'ipotesi d'implementazione di questo diagramma. Per realizzare l'asincronicità, la classe `MotoreMail` inserisce i dati passati da `Ordine` in una coda. Un thread creato nel costruttore di `MotoreMail` si occupa di prendere gli elementi dall'elenco uno ogni secondo e di eseguire la creazione e l'invio del messaggio di posta. Si noti che il codice riportato non è un'implementazione completa, ma solo una possibile scelta e neanche una di quelle più efficienti.

```
/**
 * Ordine
 */
package com.apogeoeditore.pocketUML.cap03.cap07;

public class Ordine {

     MotoreMail motoreMail;

     public void notifica() {
             String messaggio = null;
             String destinatario = null;

             motoreMail.invia(
                     messaggio, destinatario);
     }
}
/**
 * MotoreMail
 */
package com.apogeoeditore.pocketUML.cap03.cap07;

import java.util.List;

public class MotoreMail {

     List coda;

     public MotoreMail() {
             Thread th = new Thread( new InvioThread() );
             th.start();
     }

     public void invia(
             String messaggio, String destinatario) {

             inserisciInCoda( new String[]
```

```
                        {messaggio, destinatario} );
        }

        private void inserisciInCoda( String[] v ) {
                synchronized ( coda ) {
                        coda.add(v);
                }
        }

    class InvioThread implements Runnable {
      public void run() {
        while(true) {
          synchronized (coda) {
            if (coda.size() > 1) {
              String[] v = (String [])coda.remove(0);

              String messaggio = v[0];
              String destinatario = v[1];

              Messaggio m = new Messaggio();
              m.setMessaggio(messaggio);
              m.setDestinatario(destinatario);
              m.invia();
            }
          }

          try {
            Thread.sleep(1000);
          } catch (InterruptedException e) {
            //gestire
          }
        }
      }
    }

}
/**
 * Messaggio
 */
package com.apogeoeditore.pocketUML.cap03.cap07;

public class Messaggio {

        private String messaggio;
        private String destinatario;

        public void setMessaggio(String messaggio) {
                this.messaggio = messaggio;
        }

        public void setDestinatario(
                        String destinatario) {
```

```
            this.destinatario = destinatario;
    }

    public void invia() {
            //invia il messaggio per posta
            //elettronica
    }

}
```

Storicamente, per indicare messaggi asincroni, UML ha utilizzato, nelle precedenti versioni, una freccia con punta aperta e di cui era presente solo la metà. Alcuni la ritengono più leggibile e ne consigliano ancora l'uso, sebbene in UML 2.0 sia stata sostituita dalla freccia aperta.

Capitolo 4

Diagrammi di package

I diagrammi di package consentono di esaminare un sistema software da un livello di dettaglio molto alto, e quindi sono ottimi per fornire una visione ad ampio raggio del sistema.

Un package, nella terminologia di UML, è un'unità che racchiude un certo numero di elementi UML, solitamente classi. In termini generali, è un contenitore di altri elementi. Il bello dei package è che sono ricorsivi: un package infatti ne può contenere un altro, e così via. In questo modo si realizza una struttura gerarchica.

Ciascun package ha un nome, in modo che lo si possa identificare. Per esempio, si potrebbe disporre di un package che si chiama `lang`, il quale potrebbe essere inserito in un package chiamato `system`. Per identificare univocamente un package si utilizza il nome completo ottenuto dal concatenamento dei nomi dei package che lo contengono. In questo caso il nome completo è `system::lang`.

Si ipotizzi ora che all'interno del package `lang` ci sia la classe `Double`. Il nome *completamente qualificato* di questa classe è dunque `system::lang::Double`. Questo aspetto è importante in quanto permette di definire più classi con lo stesso nome, a patto che queste siano presenti all'interno di package diversi. Quindi la classe `util::lang::Double` è diversa da `system::lang::Double`, e diventa possibile identificarla univocamente.

Si noti che i nomi dei package sono separati da due "due punti".

Ciascun package rappresenta quindi uno "spazio dei nomi" (*namespace*) univoco, elemento fondamentale per una efficiente organizzazione degli elementi del sistema software.

Questa gerarchia è essenziale per organizzare i numerosi elementi che compongono un sistema software, anche di limitata complessità, basato su oggetti. Quando ancora era imperante la programmazione procedurale, questo tipo di problematica era minima. Il numero di file fisici che componeva un progetto era limitato, anche se poi magari ciascun file era molto corposo. Il codice era suddiviso in funzioni e non in classi, riducendo il numero di simboli presenti nel sistema. Con la programmazione orientata agli oggetti questo numero è cresciuto, quindi un meccanismo come quello gerarchico è benvenuto, in quanto aumenta la chiarezza.

Il termine "package" e il funzionamento sopra descritto è certamente noto ai programmatori Java. In questo linguaggio di programmazione, infatti, un package è un insieme di classi.

Lo stesso concetto lo si ritrova in altri linguaggi di programmazione, come il C++, C# o VB.NET. In queste altre tecnologie assume il termine *namespace*.

A livello grafico, un package è rappresentato da un riquadro con una linguetta. All'interno del riquadro è possibile indicare solo il nome del package (Figura 4.1), oppure l'elenco delle classi. In quest'ultimo caso il nome del package viene scritto nella linguetta (Figura 4.2).

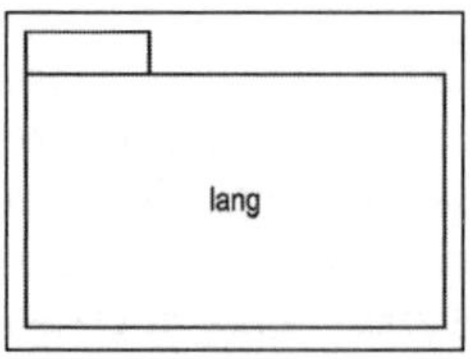

Figura 4.1 Rappresentazione di un package.

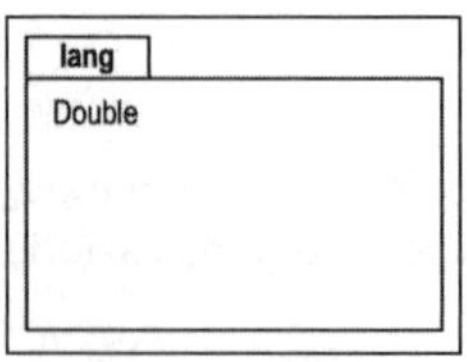

Figura 4.2 Un package con al suo interno una classe.

All'interno di un package è possibile specificare elementi grafici, come per esempio una classe (Figura 4.3), oppure un intero diagramma (Figura 4.4), anche se quest'ultimo caso è meno frequente, per via dello spazio necessario per disegnarlo.

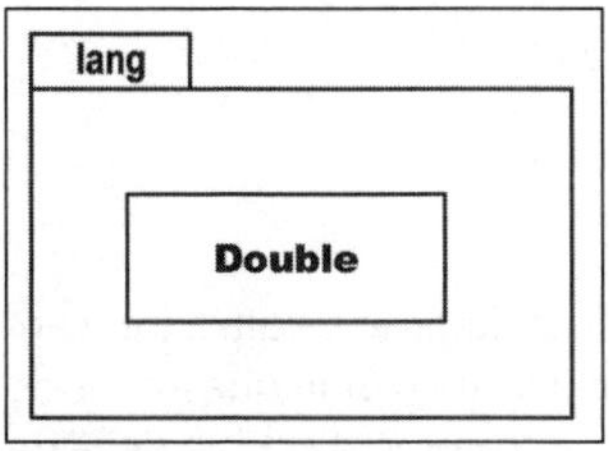

Figura 4.3 Il package util contiene la classe Double.

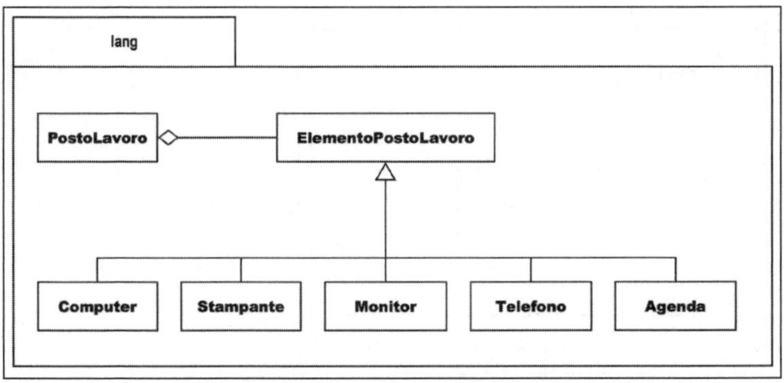

Figura 4.4 Un package che contiene un intero diagramma di classi.

Gerarchie

La relazione gerarchica tra i package è rappresentabile in modi diversi. Per prima cosa, è possibile indicare nella linguetta del package un nome completamente qualificato, come `system::lang::reflection` (Figura 4.5).

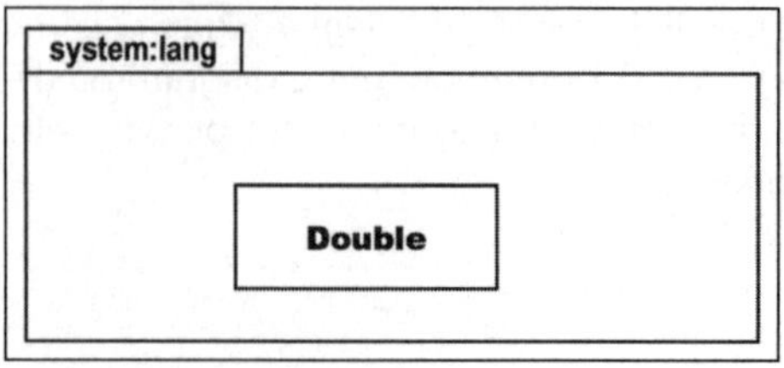

Figura 4.5 Nella linguetta del package è possibile specificare un nome qualificato.

Oppure è possibile annidare un riquadro di package in un altro, indicando anche il contenuto di quello più interno (Figura 4.6). In questo modo è possibile offrire all'osservatore un immediato colpo d'occhio della relazione gerarchica che interviene tra un package e l'altro.

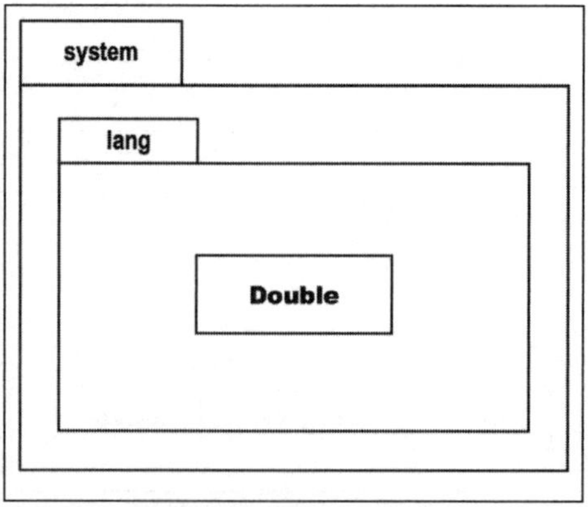

Figura 4.6 I package possono essere annidati l'uno dentro l'altro.

Un'altra modalità è quella di definire il package direttamente nel riquadro della classe (Figura 4.7), prima del nome.

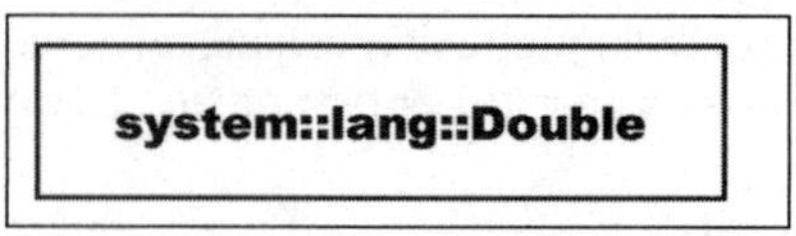

Figura 4.7 Una classe completamente qualificata.

Dipendenze

Lo scopo dei package non è solo quello di mostrare la gerarchia del sistema, ma anche di evidenziare le loro dipendenze. In questo modo si può indicare se un determinato package ne richiede un altro, e così via. La dipendenza si indica con una freccia tratteggiata che termina con una punta aperta.

In Figura 4.8 è presente l'architettura di una classica applicazione per la grande azienda. Il ruolo centrale è svolto dal dominio applicativo che utilizza lo strato di integrazione per accedere a sottosistemi esterni, tipicamente host. Ci sono poi gli oggetti di accesso ai dati, che mediano la comunicazione con la base dati. Gli oggetti di dominio sono poi esposti all'esterno come servizi e tramite interfacce utente client/server e Web.

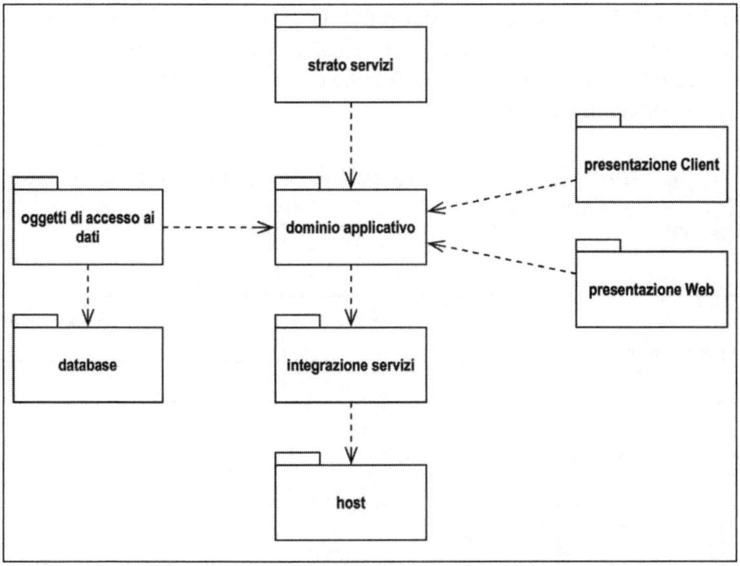

Figura 4.8 Dipendenze tra i diversi package di un'applicazione software.

Si noti che le linee di dipendenza sono orientate: esprimono quindi un legame univoco. Per esempio, si noti il legame tra gli oggetti di accesso ai dati e il dominio applicativo. Il primo package si occupa di implementare tutto il codice di accesso al database, mentre il secondo contiene le entità e le regole di business del sistema. La freccia verso il dominio applicativo indica che il package di accesso ai dati richiede il package del dominio. Di conseguenza, il primo può essere variato a piacere, senza che si renda necessario modificare il dominio applicativo. Se ci si riflette è logico: solitamente è possibile variare le istruzioni SQL in modo indipendente dal dominio applicativo, cambiando anche eventualmente le modalità di organizzazione delle tabelle della base dati. Non è vero il contrario: una modifica al dominio applicativo richiede per forza una variazione agli oggetti di accesso ai dati. Per esempio, si può rendere necessario aggiungere una proprietà a una classe: la gestione di questo nuovo dato dovrà dunque essere aggiunta agli oggetti di accesso ai dati.

Ciascuna dipendenza può riportare una parola chiave che specifica meglio lo scopo della relazione tra i package. Il suo uso però può essere una complicazione in più, in realtà non necessaria. È necessario valutare con attenzione se effettivamente l'aggiunta di una parola chiave aggiunge chiarezza al diagramma.

In Figura 4.9 è presente un esempio dove si specifica una cosa in realtà abbastanza banale: che il package di accesso ai dati "accede" al database. Come si nota, le parole chiave nelle dipendenze vengono riportate tra parentesi uncinate.

Altre parole chiave utilizzabili nelle dipendenze sono illustrate nel Capitolo 2.

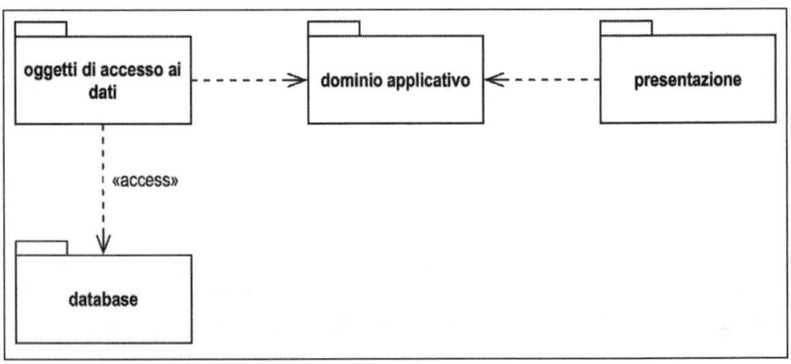

Figura 4.9 Le dipendenze possono essere arricchite da parole chiave.

Implementazione

Uno scenario comune è quello dove un package definisce un insieme di interfacce, che vengono implementate con classi raggruppate in package diversi. Questo modo di procedere costituisce una normale prassi atta a ridurre la complessità dell'applicazione.

Un tipico esempio in cui si verifica questa evenienza è quando l'applicazione può supportare database di tipo diverso. Nonostante la presunta indipendenza dai database proposta da tecnologie quali ODBC o JDBC, sussistono diversità inconciliabili tra i diversi motori di database, che risiedono nell'insieme dei tipi di dati, dei dialetti delle istruzioni SQL e delle modalità di approccio all'ottimizzazione.

Per questo motivo è necessario, anche con le tecnologie più indipendenti dalla piattaforma, predisporre un sistema di disaccoppiamento tra l'applicazione e gli oggetti di accesso ai dati.

In Figura 4.10 è mostrato come è possibile rappresentare questa situazione utilizzando i diagrammi di package. Tramite una freccia con punta a triangolo vuoto, come quella che nei diagrammi delle classi rappresenta l'ereditarietà, è possibile indicare che il contenuto di un package ne implementa un altro. In questo caso, il package "interfacce di accesso ai dati" contiene una serie di interfacce e classi astratte, che vengono implementate dai package sottostanti. Nel caso particolare, sono presenti tre implementazioni: per i database Oracle, SQL Server e MySQL.

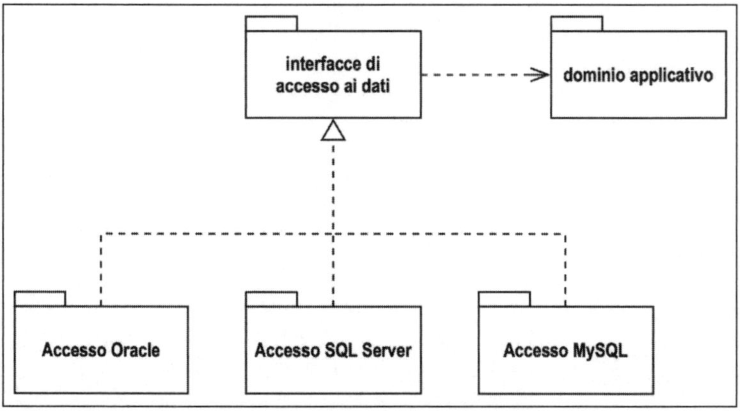

Figura 4.10 I tre package in basso implementano le interfacce definite nel package in alto.

Capitolo 5

Diagrammi dei casi d'uso

La fase di raccolta dei requisiti è quella che solitamente avvia di fatto il processo di realizzazione del software. È dunque una fase molto importante perché, in parole povere, viene identificato "quello che c'è da fare".

La tipologia delle informazioni che si raccolgono in questa fase è principalmente descrittiva e, anche prima dell'avvento di UML, si concretizza in primo luogo con elementi testuali.

UML contribuisce con la possibilità di rappresentare graficamente i requisiti per mezzo di un diagramma. Questo non approfondisce tutti i dettagli, che possono essere descritti da altre tipologie di diagrammi, quali quelli di attività, di sequenza o di classe. Piuttosto, permette di enumerare i requisiti e di metterli in relazione tra di loro. Queste possibilità permettono di avere una visione chiara delle diverse modalità di utilizzo del sistema.

I requisiti vengono rappresentati in UML per mezzo dei diagrammi dei *casi d'uso*. Questi sono stati proposti da Ivar Jacobson nel 1992 all'interno di un contesto orientato agli oggetti e. sebbene siano un buon punto di inizio per la progettazione a oggetti, sono utilizzabili anche in un processo di sviluppo procedurale e in generale non orientato agli oggetti. Il lato positivo dei casi d'uso è che per utilizzarli non è necessario conoscere la teoria degli oggetti.

Un caso d'uso è anche detto "storia". Questo termine è stato ripreso da un noto processo di sviluppo agile, l'Extreme Programming, dove non esistono requisiti o casi d'uso, ma "storie" di utilizzo del sistema, che vengono rese possibili dalle implementazioni realizzate dal gruppo di progetto.

Requisiti utente e funzionalità

Come si diceva nel Capitolo 1, i requisiti di sistema si dividono in:

- requisiti funzionali;
- requisiti non funzionali.

I primi identificano le richieste dell'utente, come per esempio la necessità di gestire una anagrafica dei clienti o supportare lo scanner per acquisire immagini da allegare a un catalogo prodotti. I secondi individuano vincoli tecnici, come per esempio la larghezza di banda disponibile tra il client e il server o il sistema operativo o addirittura la piattaforma di programmazione richiesta (per esempio Java o .NET).

La fase di analisi dei requisiti comporta quindi la razionalizzazione e la verifica di congruità di quanto richiesto dal cliente al fine di produrre una documentazione utile all'avvio della fase progettuale.

Durante questa attività, si parte da un contesto funzionale, che si procede a suddividere in sottofunzioni, proseguendo fino a quando le singole funzionalità sono di dimensione tale da presentare un livello di complessità gestibile. Il risultato è la struttura funzionale del sistema. Per esempio, un videogioco d'azione potrebbe essere scomposto in elementi quali:

- ambiente di gioco;
- gestore armi;
- gestore accessori;
- sistema di intelligenza artificiale;
- registro punteggi;
- interfaccia gioco via rete;
- programma installazione/disinstallazione.

Casi d'uso e requisiti

I casi d'uso UML non descrivono direttamente i requisiti, ma sono utilizzati per illustrare le possibili modalità di utilizzo del sistema. Non si tratta quindi di illustrare singoli requisiti, ma intere funzionalità.

La descrizione dei casi d'uso mostra l'interazione tra l'ambiente esterno e il sistema. Di quest'ultimo non viene affrontato alcun dettaglio interno, perché questo compito è affidato a una fase progettuale e diagrammi UML diversi.

Nei capitoli precedenti sono stati introdotti diversi diagrammi che permettono di descrivere la struttura interna di un sistema, ma questo non è l'unico modo di rappresentare un sistema o un sottosistema. I casi d'uso osservano il sistema da un'altra angolazione: illustrano infatti ***come*** *questo può essere utilizzato.*

L'ambiente esterno è rappresentato da attori, cioè delle tipologie di utenti che utilizzeranno il sistema. Nel caso del videogioco potrebbero essere:

- giocatore;
- amministratore (si occupa di installare/disinstallare il gioco).

Ovviamente i due ruoli possono essere interpretati dalla stessa persona. Come altro esempio, si consideri un sistema di erogazione crediti di una banca, dove il cliente desidera richiedere un prestito. In questo caso ci potrebbero essere i seguenti attori:

- cliente.
- Impiegato di sportello, che registra la richiesta del cliente.
- Analista crediti, che valuta il cliente e decide se concedere o meno il finanziamento.
- Amministratore, che si occupa della gestione tecnica del sistema.

Quanto descritto è effettivamente un elenco degli utilizzi del sistema. Vediamo come è possibile rappresentare questa semplice situazione con un diagramma di caso d'uso. In Figura 5.1 si può notare che ciascun attore è rappresentato come un omino, mentre la descrizione della sua azione (il caso d'uso), è scritto all'interno di un ovale. Si noti che tutti gli attori che fanno riferimento alla banca sono raggruppati sulla parte destra del diagramma.

È necessario sottolineare, per maggior chiarezza, che un diagramma di caso d'uso non è assolutamente esaustivo in merito ai requisiti utente raffigurati, diversamente dai diagrammi di classe o di sequenza, che possono invece spingersi a un livello di dettaglio tale da non lasciare nulla all'immaginazione.

Ma il diagramma rappresentato in Figura 5.1 non può dirsi completo senza una sezione testuale che descriva esattamente ciò che avviene in ciascun ovale.

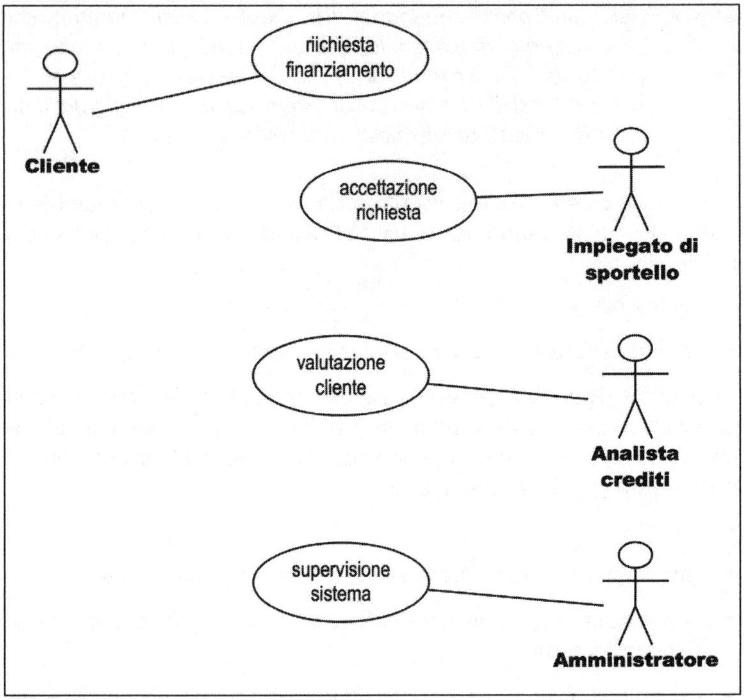

Figura 5.1 Un diagramma di caso d'uso.

Si noti che un caso d'uso non equivale direttamente a un requisito. Anzi, un caso d'uso può soddisfare più requisiti funzionali. Per esempio, nel caso del sistema di gestione dell'erogazione crediti, l'analisi funzionale può individuare le seguenti sottofunzioni:

1. gestione pratica;
2. gestione workflow;
3. supporto scanner;
4. motore di valutazione cliente;
5. tool di amministrazione.

Il caso d'uso "Valutazione Cliente" potrebbe richiedere le funzioni 1, 2, 4. Quest'ultima è molto importante per questo caso d'uso perché fornisce una valutazione automatica della solvibilità del cliente a fronte della sua situazione creditizia generale.

Inoltre è vero il contrario, e cioè che un requisito funzionale molto ampio può originare più casi d'uso. Per esempio, il requisito 1 è comune a tutti i casi d'uso presenti in Figura 5.1, escluso "supervisione del sistema".

Inoltre, si noti che a un caso d'uso possono essere associati più requisiti non funzionali. Per esempio, se alcuni requisiti non funzionali del progetto sono i seguenti:

1. deve girare sulla piattaforma Java EE 5.0.
2. Deve utilizzare il database Oracle 10g.
3. Deve impiegare una architettura a tre livelli.
4. Il livello di presentazione deve essere di tipo HTML.
5. Il browser standard per l'impiegato è Internet Explorer 6.0.
6. I browser supportati per l'accesso degli utenti esterni è IE5, 5.5, 6.0, FireFox 1, 1.5, 2.0, Safari 1.3.2, 2.0.

È ovvio che i primi quattro requisiti si applicano a tutti i casi d'uso, che il 5 si applica all'impiegato di sportello, all'analista crediti e all'amministratore, tutti impiegati della banca e che il requisito 6 si applica (oltre ai primi 4), al caso d'uso "richiesta finanziamento". La stessa situazione è rappresentabile in forma tabellare (Tabella 5.1).

Caso d'uso / requisito	**Richiesta finanziamento**	**Accettazione richiesta**	**Valutazione cliente**	**Supervisione sistema**
Java EE	√	√	√	√
Oracle	√	√	√	√
3 livelli	√	√	√	√
HTML	√	√	√	√
IE6	X	√	√	√
IE5/5.5/6.0, FireFox 1/1.5/2.0, Safari	√	X	X	X

Tabella 5.1 Corrispondenze tra casi d'uso e requisiti funzionali.

Si noti che i casi d'uso sono un ottimo punto di partenza per la stesura del manuale utente, che li può riprendere estendendone le descrizioni e aggiungendo schermate catturate dall'applicazione finale.

Individuare i casi d'uso

Per determinare i casi d'uso del sistema è possibile seguire una semplice procedura. Per prima cosa, è utile individuare gli utilizzatori del sistema. Ciascuno di questi verrà indicato come attore primario. Poi è necessario chiarire quali sono le modalità di utilizzo del sistema da parte di ciascuno di questi utilizzatori, partendo dagli obiettivi da raggiungere. La terza fase, quella finale, prevede l'approfondimento di ciascun caso d'uso per esplicitare il modo di inizio dell'attività, le risposte attese dal sistema da parte dell'utilizzatore, la sequenza di azioni che comporta l'interazione, e gli eventuali altri attori coinvolti. Questa terza fase porta alla realizzazione di un brano testuale descrittivo che illustra il caso d'uso.

Durante la definizione e descrizione dei casi d'uso è necessario porre attenzione all'interazione tra il sistema e gli attori: è quello l'elemento da approfondire, e non la struttura interna del sistema o la sua composizione. La fase di raccolta e analisi dei requisiti, sebbene possa far sorgere immediatamente nella mente del tecnico ipotesi di soluzione e problematiche tecniche, è una fase antecedente alla progettazione. È dunque importante concentrare lo sforzo solo su quanto in esame, per evitare discussioni dispersive.

Si noti inoltre che la fase di analisi di un caso d'uso può portare alla scoperta dei requisiti del sistema, e non viceversa. Tipicamente, durante questa fase l'utente parte in modo confuso a descrivere cosa si aspetta dal sistema, spesso indicando elementi incoerenti o addirittura in antitesi tra di loro. Durante la discussione, cominciano a emergere i diversi requisiti, che faticosamente si cerca di ricondurre a qualcosa di logico e coerente. Per l'utente è più facile esprimere i requisiti sottoforma di casi d'uso, perché li può associare direttamente a una esperienza pratica e diretta che si immagina di poter avere con il sistema.

Descrivere il caso d'uso

Per capire come descrivere un caso d'uso partiamo da un insieme di requisiti esplicitati come un insieme di funzionalità:

"L'applicazione disporrà di una funzione di gestione dell'anagrafica dei clienti. Questa consentirà di:

- aggiungere un nuovo cliente;
- modificare un cliente esistente;
- eliminare un cliente esistente;
- elencare i clienti presenti;

La funzione di aggiunta aprirà una finestra per l'introduzione di un nuovo cliente con i seguenti campi:

- codice (prodotto in automatico dal sistema);
- ragione sociale;
- partita iva;
- via;
- numero civico;
- cap;
- località;
- provincia.

La finestra dispone di due pulsanti: *Salva* consente di memorizzare le informazioni digitate nei campi come nuovo cliente. *Annulla* termina l'operazione e ritorna al menù. [...]."

Vediamo come un caso d'uso può affrontare una parte di questo complesso requisito:

"Per creare un nuovo cliente in anagrafica l'utente seleziona la funzione omonima dal menù principale. Il sistema presenta una finestra in cui l'utente digita la ragione sociale, la partita I.V.A. e l'indirizzo del cliente. Quando l'utente desidera creare il nuovo cliente seleziona *Salva*. Il sistema memorizza quindi i dati e ritorna al menù principale".

Il diagramma relativo è illustrato in Figura 5.2.

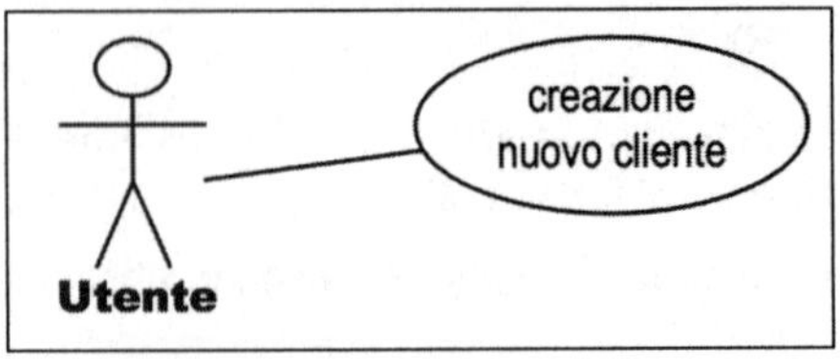

Figura 5.2 Caso d'uso relativo alla creazione di un nuovo cliente.

La stessa sequenza di operazioni può essere rappresentata in modo più strutturato in questo modo:

Caso d'uso: creazione di un cliente

1. L'utente accede al menù principale.
2. L'utente accede alla funzione *Creazione cliente*.
3. Il sistema presenta una finestra in cui l'utente digita la ragione sociale, la partita i.V.A. e l'indirizzo del cliente.
4. L'utente seleziona *Salva*.
5. Il sistema memorizza i dati nel database.
6. In caso di successo, il sistema torna al menù principale.

Questa sequenza di attività prende il nome di scenario.

Scenari alternativi

Il caso d'uso può includere diversi scenari: tipicamente questo avviene per illustrare che cosa succede nel caso si verifichi un qualche tipo di errore. Lo scenario principale è detto *scenario base* o *principale*; gli scenari aggiuntivi prendono invece il nome di *scenari alternativi*. Riprendiamo il requisito funzionale prima descritto e chiariamo la gestione di eventuali casi di errore:

"[...] La funzione di aggiunta aprirà una finestra per l'introduzione di un nuovo cliente con i seguenti campi: [...]

La finestra dispone di due pulsanti:

- *Salva* consente di memorizzare le informazioni digitate nei campi come nuovo cliente. Nel caso il salvataggio non vada a buon fine per un qualsiasi errore di accesso al database, il sistema ripresenta la finestra completa con i dati inseriti e consente di riprovare.

- *Annulla* termina l'operazione e ritorna al menù. [...]."

La gestione dell'errore qui descritta si traduce in uno scenario diverso, che potrebbe essere esposto come segue:

"Per creare un nuovo cliente in anagrafica, l'utente seleziona la funzione omonima. Il sistema presenta una finestra in cui l'utente digita la ragione sociale, la partita I.V.A. e l'indirizzo del cliente. Quando l'utente desidera creare il nuovo cliente seleziona *Salva*. Il database produce un errore: l'utente può riprovare l'inserimento in seguito senza ridigitare il contenuto dei campi".

Il caso d'uso è un insieme di scenari che hanno in comune lo scopo finale dell'utente. Nei casi qui descritti, lo scopo è l'inserimento di un nuovo cliente nella relativa anagrafica.

Riformuliamo lo scenario utilizzando un elenco numerato. La presenza dei numeri semplifica la scrittura e l'intellegibilità degli scenari alternativi:

Creazione di un cliente

1. L'utente accede al menù principale.
2. L'utente accede alla funzione *Creazione cliente*.
3. Il sistema presenta una finestra in cui l'utente digita la ragione sociale, la partita I.V.A. e l'indirizzo del cliente.
4. L'utente seleziona *Salva*.
5. Il sistema memorizza i dati nel database.

Varianti:

5. (a) In caso di errori di accesso al database, il sistema ripresenta la finestra di inserimento del cliente, con i dati inseriti in precedenza. Torna al punto (4)

Non è indispensabile esplicitare tutti i possibili scenari di un caso d'uso, a meno che questi non comportino gestioni particolari la cui indicazione è utile per capire tutto quanto l'utente si aspetta dal sistema.

Approfondire il caso d'uso

Durante la stesura della descrizione testuale di un caso d'uso è possibile che si presenti la necessità di scomporre un singolo caso in più sottocasi, esempio tipico: per semplificare il caso d'uso iniziale.

Non c'è uno standard UML per indicare ciò, ma da più parti viene suggerito di sottolineare l'elemento di descrizione che deve essere approfondito con un caso d'uso a parte. L'uso del sottolineato rimanda visivamente ai collegamenti ipertestuali presenti in HTML.

Per esempio, riprendiamo il caso d'uso di creazione di un cliente e inseriamo una fase iniziale di autenticazione:

Creazione di un cliente

1. L'utente si autentica al sistema.
2. L'utente accede al menù principale.
3. L'utente accede alla funzione *Creazione cliente*.
4. Il sistema presenta una finestra in cui l'utente digita la ragione sociale, la partita I.V.A e l'indirizzo del cliente.
5. L'utente seleziona *Salva*.
6. Il sistema memorizza i dati nel database.

L'elemento "autentica al sistema" è sottolineato, quindi dovrà essere descritto in un altro caso d'uso: pertanto si dice che il caso d'uso principale *include* il secondo. L'utilizzo dell'inclusione permette di semplificare i casi d'uso, rendendoli più chiari per l'utente, e consentendo di fatto una scomposizione dei casi d'uso in storie più semplici.

Oltre all'inclusione è possibile specificare altri elementi. Il *trigger*, per prima cosa, specifica esattamente il motivo per cui si origina il caso d'uso in esame. Nell'esempio mostrato, potrebbe essere: "l'utente deve censire in anagrafe un nuovo cliente".

Altri due elementi che è possibile dettagliare nella descrizione di un caso d'uso sono la *pre-condizione* e la *garanzia*. La prima indica tutti gli elementi che devono essere verificati perché il caso d'uso possa iniziare; la seconda specifica che cosa viene garantito che accada alla fine del caso d'uso stesso.

Si nota una certa somiglianza tra pre-condizione e garanzia e il Design by Contract, dove le stesse logiche sono applicate ai singoli metodi, in modo da assicurare sempre uno consistenza dell'elaborazione e dello stato della classe.

Attori

Nei precedenti paragrafi è stato definito il concetto di attore. Negli esempi sono state utilizzate figure umane, ma è bene specificare che un attore è un qualsiasi elemento esterno al sistema, con cui interagisce tramite comunicazioni. Alcune tipologie di attori sono:

- esseri umani. In questo caso si parla più probabilmente di ruoli, invece che di attori. Questo è il caso più diffuso.
- Organizzazioni, enti o istituzioni.
- Gruppi di lavoro o uffici.
- Applicazioni hardware/software.
- Un sottosistema hardware/software.
- Un componente a grana fine, come una classe.

Per esempio, si osservi il diagramma in Figura 5.3. Sono presenti due attori: quello a sinistra rappresenta un impiegato di sportello in una banca, che svolge il caso d'uso "richiesta finanziamento". Questo comporta l'interazione di un secondo attore, l'ufficio di erogazione crediti. Si noti che potrebbe essere anche un'organizzazione o un ente esterno. Questo ufficio si occupa di convalidare o meno la richiesta dell'impiegato.

Attraverso questo diagramma possiamo identificare due tipologie di attori:

- l'attore primario utilizza il sistema per svolgere un'attività o raggiungere un obiettivo.
- L'attore secondario viene coinvolto di riflesso, supportando in qualche modo l'attività dell'attore primario.

Si noti che un caso d'uso deve avere almeno un attore, e che questo deve essere primario.

Figura 5.3 In un caso d'uso possono essere presenti anche attori secondari.

Un altro esempio è presente in Figura 5.4, dove l'attore secondario è un elemento hardware/software: un server esterno che contiene un'applicazione che si occupa di valutare la solvibilità di un cliente.

Figura 5.4 In questo caso l'attore secondario è un sistema hardware/software.

Per meglio specificare il ruolo di determinati attori all'interno di un caso d'uso è possibile specificarne la cardinalità. È possibile in altre parole indicare il numero di attori che intervengono effettivamente in quello specifico caso d'uso. Per esempio, riprendiamo il diagramma di Figura 5.1 e indichiamo la cardinalità di tutti gli attori:

- Clienti: possono essere diversi;
- Impiegato di sportello: anche in questo caso ce ne possono essere numerosi;
- Analista crediti: questa figura fa parte di un gruppo di lavoro, per cui la banca sa che deve dedicare 30 risorse;
- Amministratore: i sistemi informativi decidono di dedicare una persona.

Le cardinalità indicate sono rappresentate in Figura 5.5.

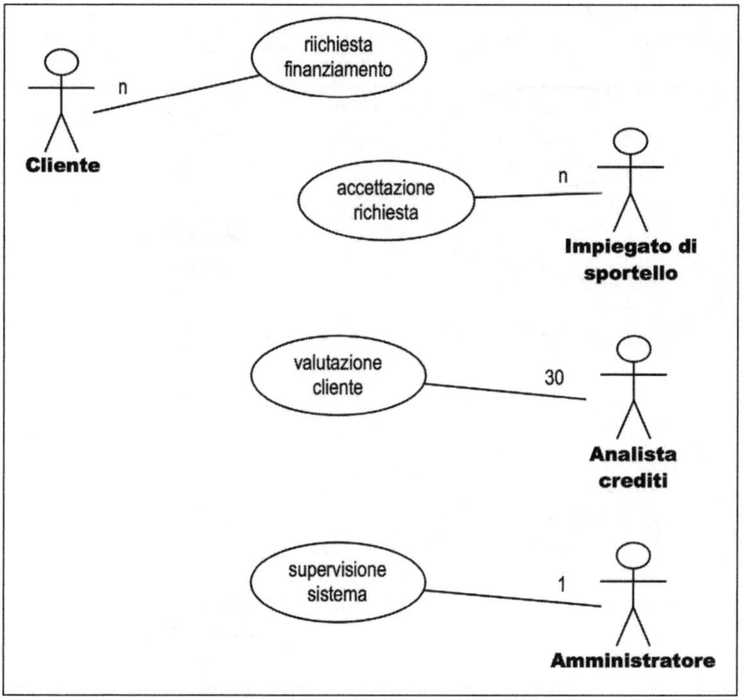

Figura 5.5 Cardinalità degli attori.

Sempre in merito agli attori, si possono semplificare i diagrammi utilizzando la *specializzazione* degli stessi. Per esempio, si consideri la presenza di diversi attori, derivati sempre dal contesto dell'erogazione crediti. Il primo, l'analista crediti, si occupa di assolvere alle disposizioni di legge, a recuperare le informazioni sulla solvibilità dei clienti da banche dati interne ed esterne all'istituto di credito e di eseguire la valutazione finale del cliente. Il secondo è lo *specialista crediti*. Si può pensare a questa figura come un capo-analista, che si occupa principalmente dei clienti più importanti e che magari ha la possibilità di eseguire delle deroghe di credito in alcune situazioni particolari. Ovviamente svolge anche tutte le funzioni dell'analista, anche se su un insieme diverso di clienti. È possibile illustrare questa situazione indicando che lo specialista è un tipo di analista, con funzioni in più (Figura 5.6). In UML è possibile indicare questo con una linea che termina con una punta di freccia a triangolo vuoto, la stessa che si usa per definire le derivazioni delle classi.

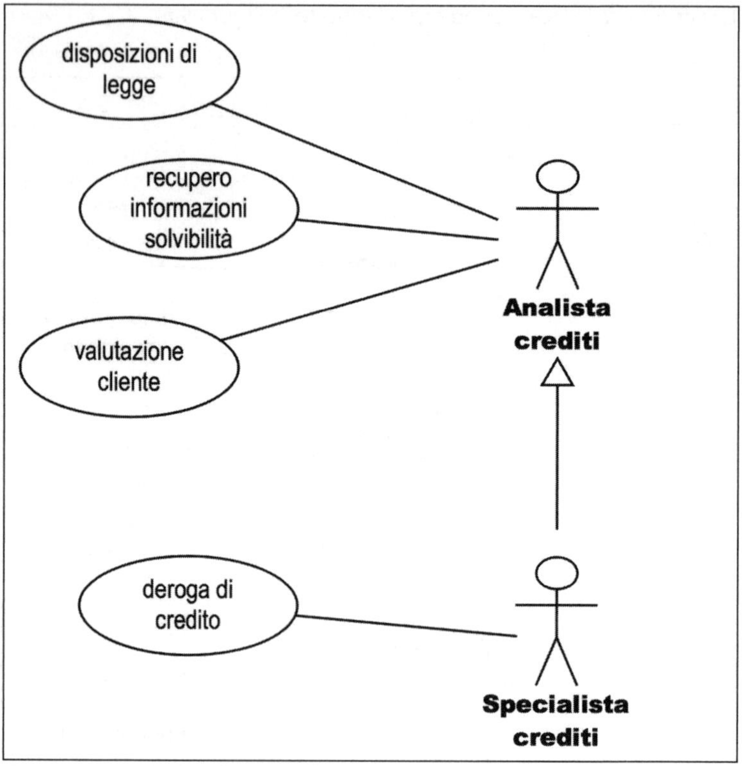

Figura 5.6 La specializzazione degli attori si indica con una freccia con punta vuota.

Dipendenze

In modo simile a quanto visto per i package, è possibile indicare dipendenze tra i diversi casi d'uso, collegando gli ovali con linee tratteggiate che terminano con frecce aperte. Nei paragrafi precedenti è già stato introdotto un tipo di dipendenza, anche se in modo implicito. Si trattava dell'inclusione, che oltre a trovare una sua indicazione nella descrizione testuale del caso d'uso, può essere esplicitata anche in forma grafica. In Figura 5.7 si può vedere la rappresentazione di casi d'uso "Creazione cliente" e "Autenticazione al sistema" e la loro relazione.

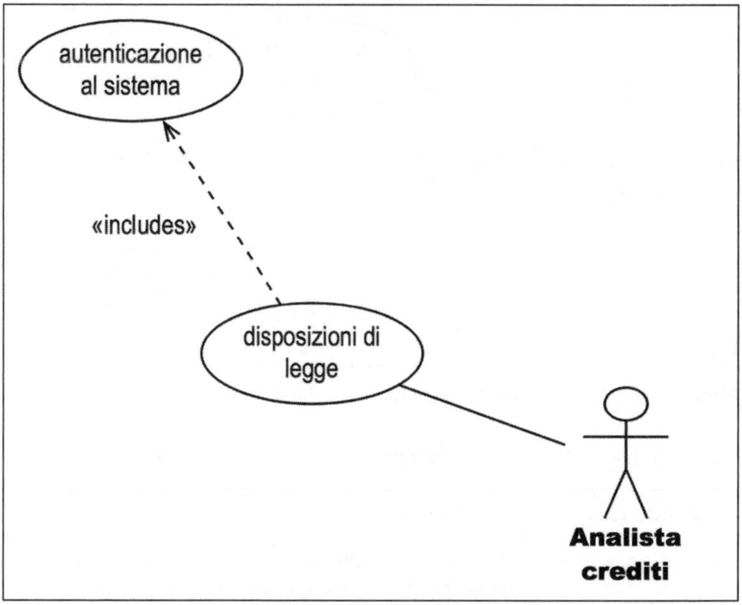

Figura 5.7 Una dipendenza di inclusione tra due casi d'uso

L'inclusione non è però l'unico tipo di dipendenza supportato da UML. Una molto importante è la dipendenza per estensione, rappresentata con la parola chiave `extends`. Questa indica che l'esecuzione di un caso d'uso prevede lo svolgimento anche di tutte le attività relative al caso d'uso collegato. Spesso questo è un modo per semplificare la descrizione dei casi d'uso e razionalizzarli, raccogliendo le funzionalità comuni in casi d'uso riutilizzabili. Nella Figura 5.8 è presente un esempio, dove il solito analista crediti, che si occupa della valutazione dei clienti, ha la possibilità di eseguire un nuovo caso d'uso: "valutazione massiva". Questo caso d'uso comporta le stesse operazioni di una normale valutazione di un utente, ma avviene su un gruppo di richieste. In questo caso è possibile dire che "valutazione massiva" estende "valutazione cliente", in quanto il primo caso d'uso aggiunge alcune cose al secondo.

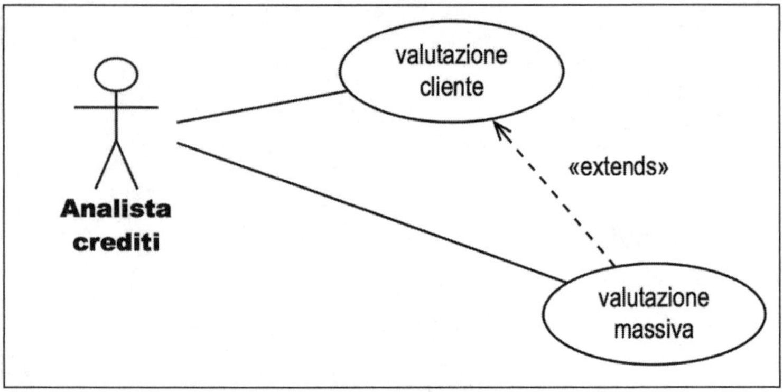

Figura 5.8 Una dipendenza di estensione tra due casi d'uso

Altre tipologie di dipendenze sono riassunte nella Tabella 5.2.

Dipendenza	Descrizione
«equivalent»	I due casi d'uso coinvolgono le stesse operazioni, anche se attraverso oggetti diversi, ma l'utente percepisce le due azioni come cose differenti. Per esempio, una valutazione di un cliente aziendale e quella di un cliente privato può essere percepita diversamente dall'utente, ma tecnicamente coinvolge le stesse funzionalità applicative.
«requires»	Un caso d'uso, per poter essere eseguito, richiede che un altro venga completato anticipatamente. Per esempio, è necessario che un cliente esegua una richiesta di un finanziamento perché possa avvenire la fase di valutazione.
«resembles»	Due casi d'uso sembrano molto simili, ma di fatto coinvolgono un insieme diverso di attività.

Tabella 5.2 Alcune dipendenze supportate dai casi d'uso.

Limiti del sistema

Quando il contesto che si sta modellando attraverso i casi d'uso diviene particolarmente complesso, può essere utile suddividere i casi nel sistema logico di appartenenza, che in UML si rappresenta con un semplice riquadro. Per esempio, si ipotizzi che un cliente di una banca voglia richiedere un finanziamento, ed in particolare un mutuo per l'acquisto di una casa. Spesso le banche richiedono che contestualmente venga aperto un conto corrente presso la banca stessa, se il cliente già non lo possiede, in modo da espletare in automatico le operazioni di addebito della rata, dei premi assicurativi e delle altre spese collegate a quel tipo di prestito. In questo caso il diagramma potrebbe contenere di fatto due sottosistemi, quello di erogazione del finanziamento e quello di gestione dei conti correnti. Ipotizzando che i casi d'uso per l'erogazione di un mutuo siano quelli già descritti in questo capitolo, la situazione potrebbe essere simile a quella di Figura 5.9.

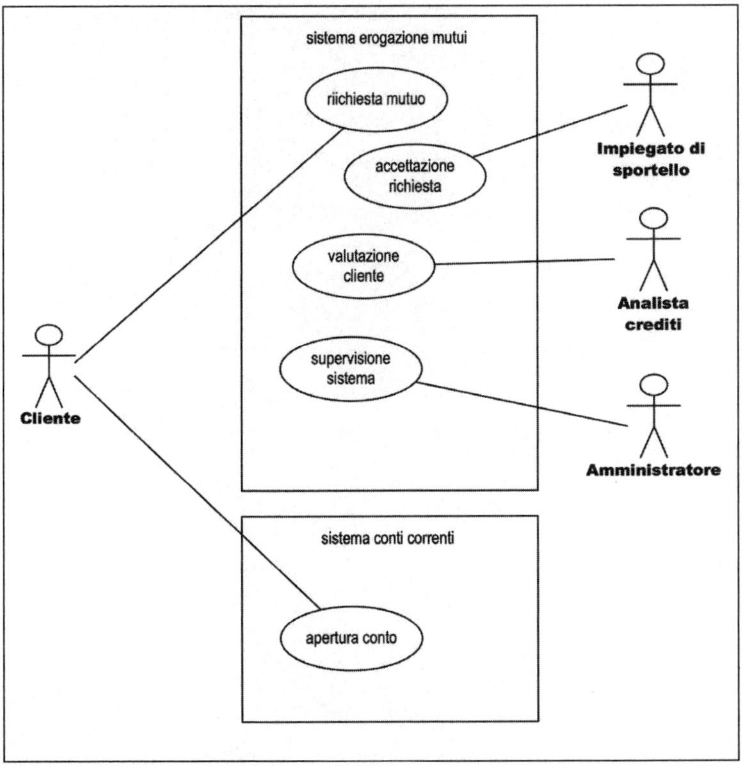

Figura 5.9 I limiti di un sistema consentono di raggruppare casi d'uso contestualmente omogenei.

Capitolo 6

Diagrammi dei componenti

I componenti sono un concetto fondamentale nella programmazione, anche se non sono state mantenute tutte le impegnative promesse fatte nel corso degli anni '90.

Di cosa si tratta? Con l'introduzione di Windows, e in particolare in coincidenza con l'avvento di Windows 95, è fiorito un vasto mercato di componenti software riutilizzabili e basati sulla tecnologia OLE.

Attraverso strumenti quali Visual Basic, la programmazione per Windows, fino a ora riservata a sviluppatori dalle maggiori competenze e in grado di operare con i linguaggi C/C++, diveniva disponibile anche a programmatori meno qualificati.

Componenti software complessi, scritti da esperti in C/C++ per il sistema operativo Windows, fornivano funzionalità già pronte, che i programmatori Visual Basic, Visual FoxPro, Delphi o di ambienti similari potevano assemblare per realizzare applicazioni complesse.

Componenti software

Alla base di questo concetto c'era la convinzione che la programmazione di massa potesse evolversi da una continua costruzione e ricostruzione di funzionalità di base a un mero assemblaggio di funzionalità esistenti.

Sviluppatori di Serie A si sarebbero occupati della programmazione dei componenti di base, autocontenuti e funzionalmente esaustivi, mentre programmatori di Serie B avrebbero svolto il compito degli assemblatori e configuratori di questi elementi già pronti. Si sarebbe realizzata una suddivisione di competenze, dove da una parte di sarebbero posizionati gli sviluppatori esperti nei complicati e sempre più convoluti meandri del sistema operativo Windows, piattaforma imperante in quegli anni, mentre dall'altra si sarebbero posizionati programmatori con minori o assenti competenze del sistema operativo, ma con spiccate competenze negli ambiti funzionali nei quali lavoravano.

Ma il corso dello sviluppo delle tecnologie informatiche non diede pieno seguito a questa suddivisione ipotizzata negli anni '90.

Probabilmente, i fattori determinanti furono due. Il primo elemento, fondamentale, è che probabilmente non è possibile creare componenti "definitivi", in grado cioè di soddisfare tutte le esigenze degli utenti. Non ci si è riusciti nell'ambito dell'interfaccia utente, un contesto entro il quale il mondo dell'informatica aveva comunque una grossa esperienza e dei limiti delineati dal sistema operativo. Figuriamoci dunque trasporre questi requisiti nell'ambito funzionale, dove le varianti e le differenze tra i diversi clienti portano, se non sempre a sonanti discordanze tra un'implementazione e l'altra, almeno a nuances significative tra le diverse versioni. In parole povere, ciascun cliente avrebbe avuto bisogno del proprio componente funzionale, completamente personalizzato. Impossibile dunque programmare il componente "definitivo", in grado di assolvere alle esigenze di una platea di consumatori differenziati, sebbene omogenei.

Il secondo elemento destabilizzante è stato l'avvento del linguaggio Java prima, e dell'affermarsi di questo come vera e propria piattaforma di sviluppo, poi.

Con Java cadde l'assunto che la programmazione di sistema fosse esclusivo appannaggio di guru delle API interne di Windows. Per prima cosa, il problema di approfondire la programmazione Windows cessò di esistere, come la necessità di entrare nel dettaglio di altri potenziali sistemi operativi ospiti come Unix, Linux o Mac OS X.

La "piattaforma" divenne Java, un linguaggio di programmazione orientato agli oggetti più semplice del C++, con gestione automatica della memoria e accesso semplificato al threading. Inoltre, dotato di una libreria di base facile da usare e di tutto rispetto. Da un giorno all'altro, tutto quello che era difficile fare con il C++ divenne facilmente accessibile. I programmatori Visual Basic poterono dirottare facilmente verso Java, così come programmatori C o di altri linguaggi senza specifica conoscenza di Windows poterono accedere a questo ambiente. Tutta questa platea di sviluppatori poté dunque accedere allo sviluppo Windows senza conoscerne i meandri, ma comunque con la presenza del filtro offerto dalla piattaforma Java.

I programmatori di media competenza non si trovarono più ghettizzati ad occuparsi del mero assemblaggio di componenti già pronti, ma poterono ritornare ad una dimensione di sviluppo più vicina a problematiche tecniche interessanti.

Oggi, con Java (ma anche su .NET, che è modellato sui concetti di base della piattaforma Java e sta sostituendo su Windows il modello organizzativo descritto in precedenza), il programmatore di media competenza si è riappropriato delle sue attività, posizionandosi come ponte tra il mero assemblatore di funzionalità e lo sviluppatore di sistema. Esistono ancora i componenti, ma ora ce li possiamo anche realizzare in casa. Altrimenti, possiamo partecipare al loro sviluppo, grazie al movimento Open Source, che ha consentito di svincolare lo sviluppo di elementi potenzialmente importanti per l'applicazione, da una logica di sviluppo chiusa e basata solo sul modello commerciale. Con il mercato nato a metà anni '90, infatti, la personalizzabilità dei componenti era solo quella consentita dal produttore e spesse volte i codici sorgenti non erano disponibili (e a che cosa sarebbero serviti, se per le eventuali modifiche sarebbero state necessarie competenze C/C++ superiori alla media?)

La situazione ora

Al giorno d'oggi troviamo tracce dell'eredità dei componenti almeno in due ambiti. Per prima cosa, si considerino le applicazioni di gestione aziendale, come SAP o PeopleSoft. Qui le aziende, solitamente abituate a piegare il software al funzionamento del proprio lavoro, hanno acconsentito a invertire i ruoli e a dotarsi di un sistema "standardizzato", con la speranza di contenere i costi, ma inevitabilmente reinvestendo i potenziali risparmi in progetti di personalizzazione milionari. Anche in quest'ambito dunque, nonostante l'esperienza accumulata nelle classiche problematiche di gestione aziendale come clienti/fornitori, buste paga, turni e contabilità generale, il mercato non è stato in grado di far emergere una soluzione che fosse condivisibile da tutti.

Un altro ambito in cui ritorna il concetto di componente è l'architettura SOA (Service Oriented Architecture), dove il servizio non è altro che un componente a grana molto grossa, funzionale, che viene messo a disposizione dall'applicazione verso l'esterno. Sebbene ci sia dunque un ritorno del concetto di componente, è bene notare che in realtà si sta parlando di una architettura applicativa e dunque di un modo per riutilizzare in misura variabile un software che comunque potrebbe essere realizzato ex-novo o quasi.

Cos'è un componente?

Quanto esposto deve essere tenuto in considerazione quando si mette in relazione UML e componenti. Esiste infatti la possibilità di creare diagrammi dei componenti di un sistema, ma per farlo è necessario prima capire cosa si intenda per componenti.

La definizione non è univoca, ma le considerazioni storiche sopra esposte dovrebbero offrire elementi per inquadrarne il contesto.

Banalizzando e cercando l'estrema sintesi, è possibile asserire che un componente è un elemento software:

- autocontenuto;
- a grana grossa;
- funzionalmente esaustivo;
- personalizzabile;
- interfacciabile.

È un elemento software autocontenuto nel senso che può essere riutilizzato all'interno di un diverso contesto senza la necessità di complesse installazioni di altri elementi software anche a grana fine. Talvolta però, succede che un dato componente ne richieda un altro per funzionare correttamente.

È a grana grossa nel senso che le funzionalità che offre non sono a livello di dettaglio, ma a un livello funzionale alto, come per esempio la fatturazione o una gestione di magazzino.

È funzionalmente esaustivo perché solitamente si occupa di un certo argomento e lo porta a termine completamente. Per esempio, implementa tutto quanto richiesto per gestire la fatturazione. È personalizzabile, sia a livello di programmazione (per esempio attraverso l'ereditarietà, elementi di framework, gli hook o altre tecniche a livello di programmazione), sia attraverso file di configurazione. Questo elemento è fondamentale per rendere flessibile il componente e fare in modo che possa essere riutilizzato su clienti o ambiti diversi.

È interfacciabile, in quanto nessun componente è utile se non è in grado di parlare con altri componenti, al fine di essere inserito in un ciclo di lavoro unificato. Per esempio, il componente di fatturazione deve poter interagire con la gestione magazzino e in quello di gestione ordini.

I componenti non sono legati a una specifica tecnologia, come OLE, ActiveX, OCX, DLL o JAR. Piuttosto, sono un modo per approcciare lo sviluppo del software.

UML e componenti

Con UML è possibile disegnare interessanti diagrammi di componenti, che permettono di evidenziare le dipendenze tra questi, con una logica molto simile alle dipendenze tra classi.

In UML un componente si rappresenta con un riquadro che riporta una semplice icona (Figura 6.1). È possibile che si incontri anche la rappresentazione di Figura 6.2, che era in vigore nelle versioni 1.x di UML. C'è da dire che, probabilmente, la nuova notazione è decisamente più coerente con il resto di UML e parsimoniosa in termini di spazio.

Figura 6.1 Un componente in UML 2.0.

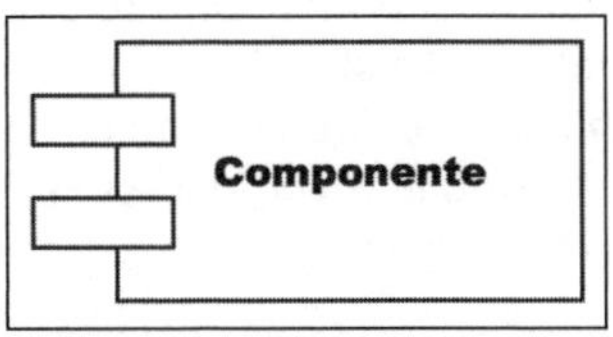

Figura 6.2 Un componente in UML 1.x.

Componenti nei diagrammi

I diagrammi dei componenti permettono di rendere chiari gli elementi costitutivi di un sistema o di un sottosistema e di descrivere le relazioni tra di essi.

Per indicare che un componente è interfacciato con un altro si può utilizzare una semplice linea di connessione, oppure la nozione a "lecca-

lecca", per indicare che un determinato componente espone un'interfaccia e che un altro lo consuma. Si ipotizzi di avere un componente di gestione della contabilità aziendale ed uno che si occupa della gestione degli ordini. Il primo può esporre un'interfaccia utilizzata dal secondo per contabilizzare gli ordini emessi dall'azienda, e averne già evidenza in contabilità. In Figura 6.3 questa situazione è rappresentata con una linea semplice, mentre in Figura 6.4 si utilizza il "lecca-lecca".

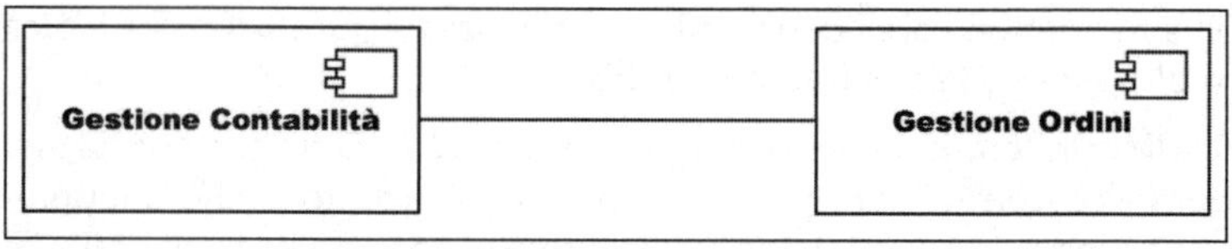

Figura 6.3 La relazione tra i componenti può essere indicata con una semplice linea.

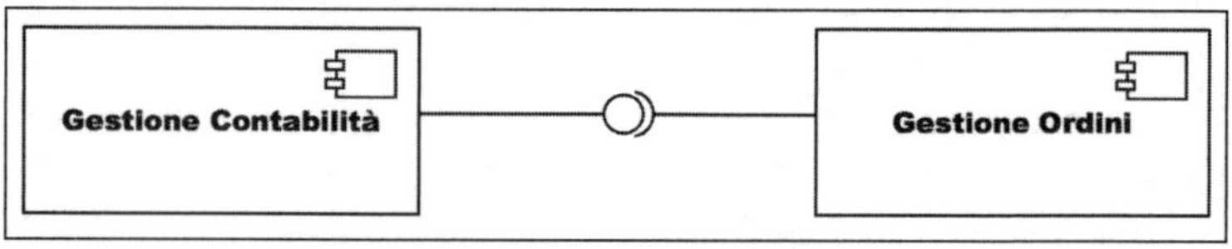

Figura 6.4 Ogni componente espone un'interfaccia, che può essere rappresentata con un "lecca-lecca".

Si noti che è possibile esplicitare anche ulteriori interfacce offerte o richieste dal componente. In Figura 6.4 è stata evidenziata la sola interfaccia offerta dal sistema di gestione della contabilità, ed il fatto che il sistema di gestione ordini la consuma. Ma è possibile anche evidenziare interfacce che non vengono utilizzate nel diagramma.

In Figura 6.5 ne vediamo un esempio. Il componente `Gestore Sessioni` si occupa di gestire le sessioni utente all'interno di un Web Server. Offre due interfacce:

- `API sessione`, che permette di creare, accedere e gestire la sessione dell'utente.
- `API monitoring`, che permette di accedere a dati di misurazione sulle prestazioni del componente, come la memoria occupata e il numero di sessioni aperte.

Il componente impiega anche servizi esterni, offerti da altri componenti, che sono:

- `serializzatore`, che implementa un meccanismo di conversione dei dati di sessione in un flusso binario. Si può pensare a qualcosa di simile alla scrittura di una struttura dati in C su disco, oppure alla serializzazione presente in Java.
- `persistenza`, che implementa un meccanismo di salvataggio su disco delle sessioni, utile per la propagazione delle stesse tra più Web Server oppure per supportare il failover (ripristino della funzionalità dopo la caduta del server).

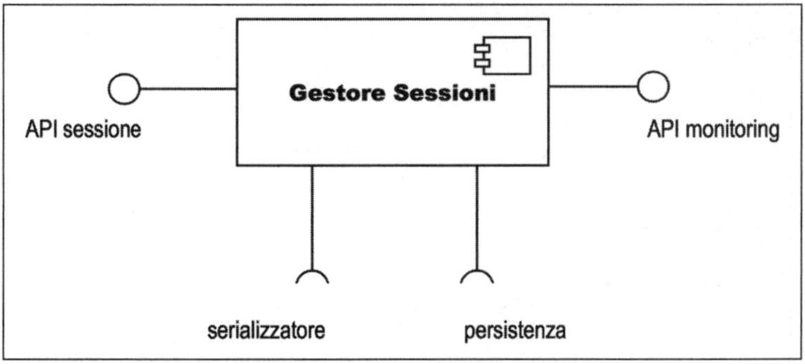

Figura 6.5 Un componente che offre e utilizza due interfacce.

All'interno dei componenti

Nel caso un componente sia particolarmente complesso e si desideri dettagliarne maggiormente il contenuto, è possibile utilizzare sottocomponenti, rappresentati all'interno di quello principale. L'interfacciamento verso l'esterno avviene sempre utilizzando i "lecca-lecca", ma attraverso delle connessioni per delega che individuano un collegamento tra un componente interno e l'interfaccia esterna.

In Figura 6.6 è presente un esempio che illustra una rappresentazione concettuale di un motore di una autovettura. Il suo interno è stato scomposto in componenti come:

- iniezione;
- testata;

- raffreddamento;
- sensori.

Questi componenti dialogano tra di loro per assolvere alla funzionalità per cui è preposto un motore, e si interfacciano all'esterno con elementi quali la pedaliera, che indica al motore a che regime girare, oppure al cruscotto, che fornisce informazioni sullo stato del motore, come il numero di giri per minuto.

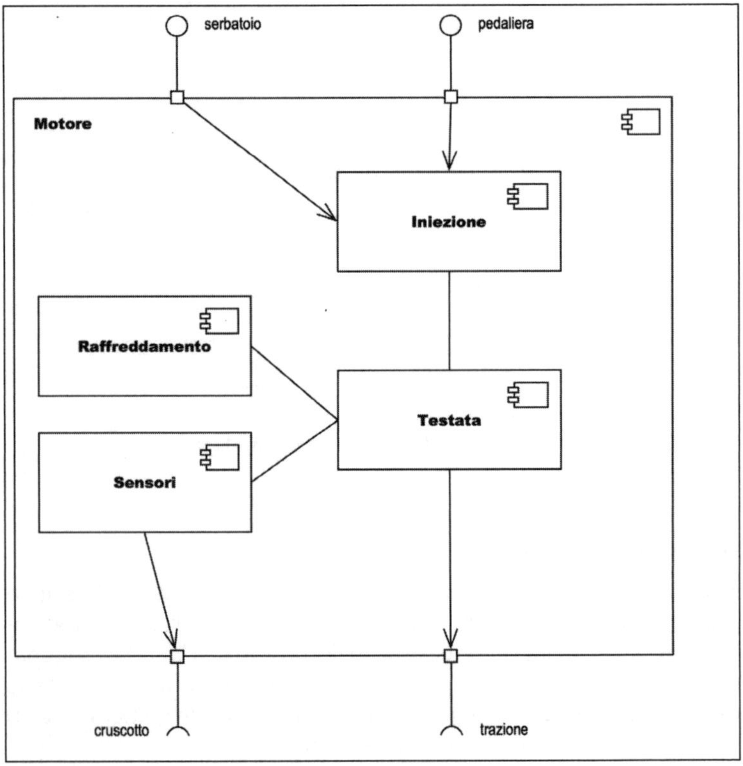

Figura 6.6 La struttura interna di un componente è rappresentabile attraverso i suoi sotto-componenti.

Capitolo 7

Diagrammi di deploy

Per inquadrare i diagrammi di deploy, prima è necessario capire... cosa significa "deploy". Questo termine identifica l'insieme delle attività necessarie per portare all'uso una nuova versione del software. Il termine deploy non è stato tradotto, perché in italiano, in realtà non esiste un termine perfettamente adeguato per la sua traduzione. Si può pensare alle parole "installazione", "attivazione" o "aggiornamento", ma in realtà le corrispondenti parole inglesi descrivono semplicemente alcune delle attività necessarie in fase di deploy.

Questo termine dunque sottintende attività più vaste rispetto alla semplice installazione del software, termine con il quale spesso viene tradotto "deploy".

Una definizione breve di deploy può essere: "installare, collaudare e implementare un sistema informatico o applicazione". Su Wikipedia (`http://en.wikipedia.org/wiki/Software_deployment`), nell'articolo dedicato allo sviluppo software, le prime fasi del deploy descritte sono:

- *Release*. Fase che segue quella di sviluppo e include le attività necessarie a preparare e assemblare il sistema per trasferirlo presso il cliente. Può essere per esempio la fase di compilazione e creazione di file CAB sotto Windows, oppure la creazione di file JAR o EAR nella piattaforma Java.

- *Install*. La fase di installazione è l'inserimento iniziale nell'infrastruttura del cliente, suddivisa nelle attività di trasferimento fisico dei file e la configurazione del sistema.

- *Activate*. L'attivazione prevede l'avvio delle parti eseguibili del sistema, per esempio tramite l'esecuzione di un comando o l'attivazione di una Enterprise Application nel caso di applicazioni Java EE.

A seguire si trovano le fasi di deactivate, adapt, uninstall e retire. Queste però sono relative alla successiva fase di manutenzione e rimozione del sistema.

Si noti che il termine deploy si applica a diversi ambiti: dalle complesse applicazioni aziendali distribuite, a intere reti o sottoreti, a server farm, a cluster di database e così via.

La parola deploy trova le sue origini nel mondo militare, dove era utilizzato per descrivere il posizionamento di truppe e mezzi.

Contesto e utilizzi

I diagrammi di deploy hanno un ambito di utilizzo leggermente diverso da quello dei diagrammi visti in precedenza. I diagrammi di classe e sequenza sono utili un po' a tutti, dal programmatore, all'architetto, fino all'esperto funzionale. I casi d'uso, i diagrammi di package e dei componenti sono più indicati per esperti funzionali e architetti. I diagrammi di deploy sono utili agli architetti applicativi, ma anche ai sistemisti e ai responsabili della rete aziendale, in quanto coinvolgono macchine fisiche o virtuali, elementi di software e servizi a livello aziendale.

I diagrammi di deploy hanno a che vedere con la progettazione in quanto determinano la suddivisione fisica dell'applicazione, informazione fondamentale per i sistemisti applicativi e della rete, che devono poi preoccuparsi di garantire il corretto e continuativo funzionamento del sistema di cui fare il deploy.

Nodi

Graficamente questi diagrammi sono molto semplici e prevedono solo pochi elementi. Quello principale è il *nodo*, rappresentato da un parallelepipedo e indica qualsiasi cosa possa eseguire del software (Figura 7.1).

I nodi sono collegati tra di loro attraverso percorsi di comunicazione, su cui solitamente si indica il protocollo di rete utilizzato (Figura 7.2). Il percorso non è altro che un'associazione, concetto descritto nei capitoli precedenti.

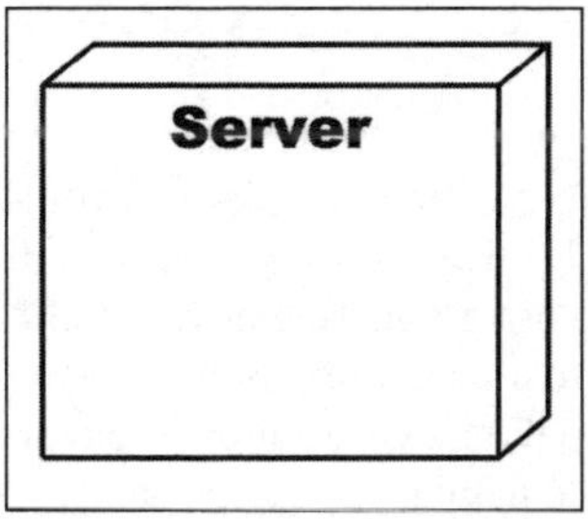

Figura 7.1 Un nodo è rappresentato come un parallelepipedo.

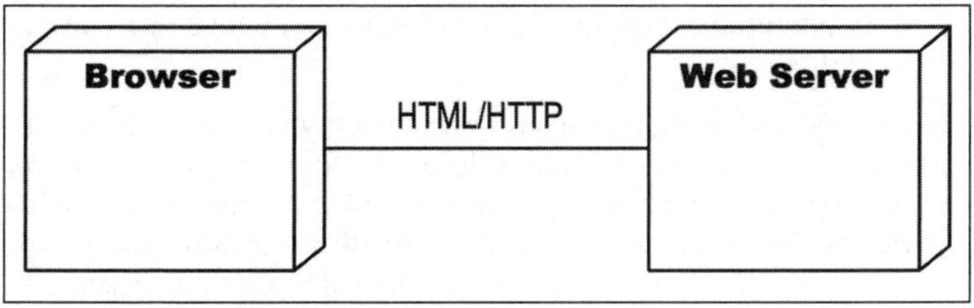

Figura 7.2 Un Web Server comunica con il browser attraverso HTML su HTTP.

Nelle associazioni è possibile indicare anche le cardinalità, per fornire un'indicazione immediata del numero di nodi presenti per ciascuna tipologia. La stessa informazione si può indicare in una etichetta di testo, come si vedrà in seguito. In Figura 7.3 viene utilizzata questa notazione per evidenziare che i browser sono in numero variabile, mentre i Web Server a disposizione dell'azienda sono in numero finito, e, in particolare, nell'esempio si dispone di 10 computer.

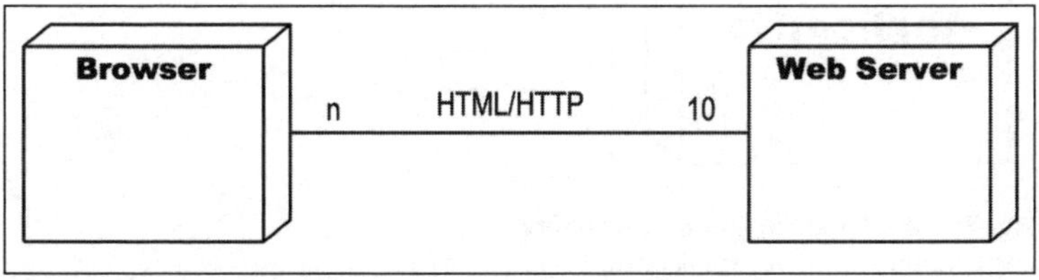

Figura 7.3 Nei percorsi di comunicazione è possibile specificare una cardinalità.

Tipi di nodi

Un nodo si divide in tre tipologie:

1. il *dispositivo* è un elemento hardware fisico, che può essere costituito da un computer di rete, un personal computer, un server Unix di fascia alta, oppure un mainframe. Può essere anche hardware che non è un personal computer completo, ma solo una parte di esso, come per esempio i computer industriali, che contengono solo alcuni elementi dei tipici computer da scrivania.

2. Il *dispositivo virtuale* si colloca a metà strada tra il dispositivo e un software. Si tratta di un dispositivo virtualizzato da un altro computer, tipicamente molto più potente. Per esempio, un grosso computer Unix o un Mainframe possono virtualizzare più server Windows dipartimentali, suddividendo le risorse hardware tra questi computer virtuali.

3. L'*ambiente di esecuzione* è un elemento software, che funge da contenitore per un altro software. Il tipico esempio è l'application server per la piattaforma Java EE. Le applicazioni scritte per questa, infatti, richiedono di essere eseguite all'interno di un software particolare, che risponde a determinate specifiche e offre particolari servizi di base, come la persistenza, la gestione delle sessioni, il threading, il pooling delle risorse, e così via.

Un nodo può essere arricchito da una parola chiave che ne indica il tipo. Per esempio, per indicare un computer si può scrivere «`computer`», mentre una unità di memorizzazione può riportare la parola chiave «`storage`» (Figura 7.4).

Figura 7.4 Il nodo in figura è un server AIX che contiene un server applicativo.

L'istanza di un nodo permette di rappresentare i singoli nodi fisici che implementano una specifica tipologia. Per esempio, in Figura 7.4 è indicato genericamente un "Server Applicativo", di tipo "server Aix". Ma è anche possibile specificare un particolare computer, tra tutti quelli presenti nella sala macchine dell'azienda. In Figura 7.5 si specifica che il computer in oggetto è quello con numero di registrazione IBM 18827. Si noti che, come per le classi e i partecipanti dei diagrammi di sequenza, si utilizza la notazione con i due punti, in modo da distinguere il nome di istanza da quello del tipo.

Figura 7.5 È possibile anche specificare il nome di istanza di un nodo.

Elaborati

All'interno dei nodi sono presenti elaborati (in inglese *artifact*), che sono le manifestazioni fisiche degli elementi che costituiscono il software. Gli elaborati possono essere di due tipi:

1. gli *eseguibili* sono file che originano processi, e possono essere eseguibili Windows, DLL, JAR, EAR, script e così via.
2. I *file di dati* sono archivi di supporto, per esempio contenenti informazioni statiche o di configurazione. Formati tipici sono XML, properties, .ini, HTML e così via.

Gli elaborati possono essere descritti in diversi modi, quello più semplice è quello di elencarli all'interno del nodo. In Figura 7.6 è presente un esempio che illustra un Web Server e un Browser. Nel primo è presente un'applicazione Java EE, mentre il secondo sfrutta un componente ActiveX. Un altro modo per rappresentare gli elaborati è utilizzare un riquadro simile a quello delle classi, all'interno del quale si trova il relativo nome. Per caratterizzare un elaborato è possibile agire in due modi:

1. aggiungere la parola chiave `«artifact»`;
2. aggiungere un'icona in alto a destra.

Questi due metodi sono illustrati, rispettivamente, in Figura 7.7 e 7.8.

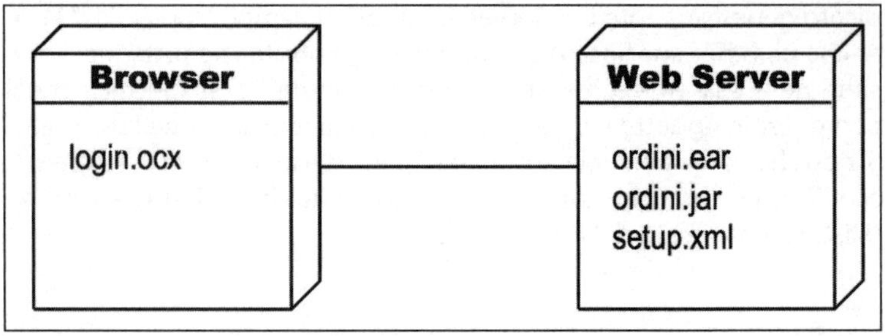

Figura 7.6 Per indicare gli elaborati presenti in un nodo è sufficiente elencarli al suo interno.

Figura 7.7 Un elaborato può essere marcato con la parola chiave «abstract».

Figura 7.8 Un elaborato può essere evidenziato anche utilizzando un'icona.

Etichette

Sia per quanto riguarda i nodi, che gli elaborati, è possibile indicare informazioni aggiuntive utilizzando etichette di testo al loro interno, usando le parentesi graffe come delimitatore.Tipiche informazioni che vengono descritte in questo modo sono:

- marca e/o modello del dispositivo;
- posizione fisica;
- tipo e versione del sistema operativo;
- numero di componenti fisici presenti per ciascun dispositivo logico (un modo più esplicito di indicare la cardinalità);
- che un elaborato implementa un componente (in UML 1.x si potevano indicare i componenti all'interno dei nodi, ma da UML 2.0 il contenuto possibile di un nodo è solo un elaborato);
- protocolli di comunicazione.

In Figura 7.9 è presente un nodo nel quale è indicato che il sistema operativo è Mac OS X Server versione 10.6 e il Web Server utilizzato è Apache.

Figura 7.9 Indicazione di etichette descrittive in un nodo.

Nel caso dell'elaborato descritto in Figura 7.10, le informazioni aggiuntive riguardano il produttore e la versione dell'applicazione in uso.

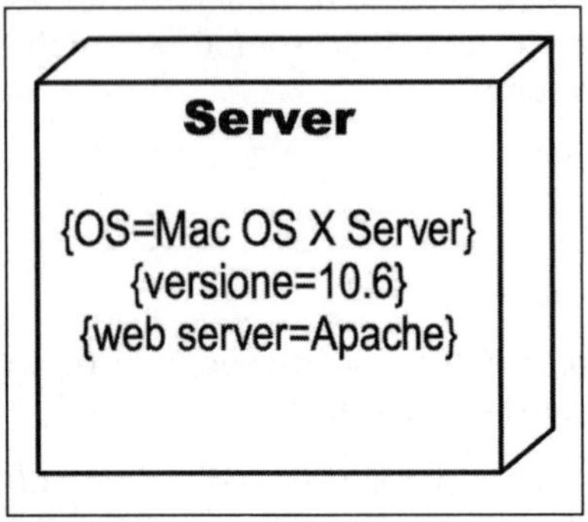

Figura 7.10 È possibile indicare etichette descrittive anche in un elaborato.

Uno sguardo di insieme

Vediamo ora come applicare quanto esposto nelle pagine precedenti per disegnare un diagramma di deploy completo di un certo numero di informazioni per un'applicazione di media complessità per la grande azienda. In Figura 7.11 è illustrata una possibile configurazione fisica di una applicazione a più livelli che si occupa di gestire l'acquisizione di ordini da parte dell'utente. Questi accede al sistema attraverso Internet, che memorizza gli ordini inviati su un database locale per veloce consultazione. Quando l'ordine è definitivo, attraverso un livello tecnico di accesso al mainframe, l'informazione viene passata a routine COBOL presenti su host per la contabilizzazione nel sistema informativo aziendale.

I livelli dell'applicazione sono:

- il client (browser);
- web server;
- application server;
- server di integrazione del mainframe (Integration Server);
- database;
- mainframe.

L'uso degli elementi grafici peculiari dei diagrammi di deploy è scelto dal disegnatore: talvolta vengono incluse informazioni aggiuntive, mentre in altri casi il nodo o l'elaborato sono più spogli.

Anche le cardinalità sono espresse solo in alcuni casi, sulla base delle informazioni effettivamente disponibili o all'opportunità.

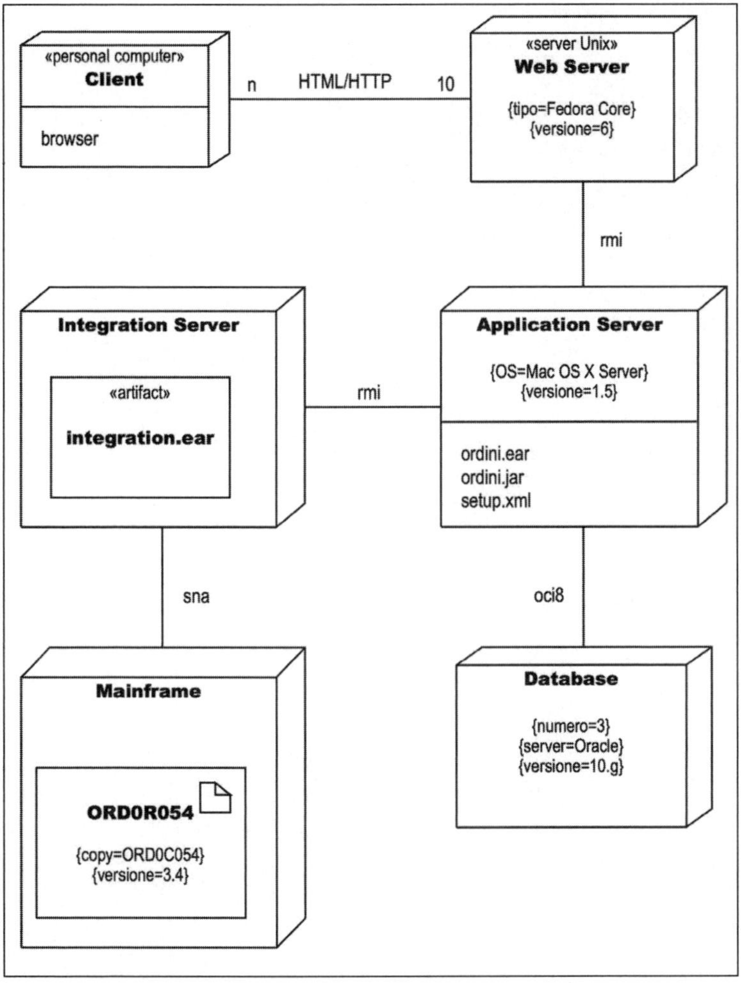

Figura 7.11 Un diagramma di deploy completo.

Capitolo 8

Diagrammi degli oggetti

Il diagramma degli oggetti è un tipo particolare di diagramma dinamico che permette di descrivere la situazione della memoria in un dato istante del ciclo di vita dell'applicazione.

Qual è il rapporto tra classe e oggetto? Il software orientato agli oggetti è composto da un insieme di classi, che ne definiscono la struttura statica. Quando il programma viene eseguito, diviene un processo. Quest'ultimo è definito infatti come "programma in esecuzione". All'avvio del processo inizia la creazione degli oggetti, sulla base degli schemi statici definiti dalle classi. Come il processo è un programma in esecuzione, gli oggetti sono "classi in esecuzione", ciascuno con la sua propria area di memoria, che consente la memorizzazione dello stato.

I diagrammi degli oggetti UML permettono di rappresentare una data situazione in memoria, indicando quali oggetti in quel momento sono presenti. Questo tipo di diagramma è molto utile in quanto la sola indicazione della situazione statica del software, offerta dai diagrammi delle classi, può non essere sufficiente per comunicare al lettore il funzionamento del sistema.

In questo diagramma ci sono gli oggetti relativi al contesto che si sta rappresentando, disegnati con un riquadro, proprio come le classi. In modo similare a quanto fatto in diagrammi precedenti, è possibile indicarne il nome e la classe, oppure solo uno dei due. Nel caso sia indicata la classe, è necessario farla precedere dal simbolo dei due punti. Il formato del nome è dunque il seguente:

```
nome oggetto [: classe]
```

Alcuni esempi sono illustrati in Figura 8.1: nell'oggetto in alto c'è solo il nome, in quello che segue c'è sia il nome sia la classe, mentre nell'ultimo è presente solo il nome della classe. Anche qui i nomi di oggetti iniziano per maiuscola, mentre i nomi di classe in maiuscola.

Figura 8.1 Rappresentazione degli oggetti nel diagramma omonimo.

Come si sarà notato osservando la Figura 8.1, una caratteristica specifica dei diagrammi degli oggetti è il fatto che il nome e la classe dell'oggetto è sottolineato. Ciò consente di differenziare il riquadro che rappresenta un oggetto rispetto a un altro che rappresenta una classe.

Nel diagramma è possibile indicare relazioni tra i diversi oggetti utilizzando linee di associazione, sulle quali è possibile indicare etichette di testo con le informazioni descrittive dello scopo dell'associazione. In sostanza, si indica il ruolo dell'associazione.

Anche in questo caso, se l'associazione è ovvia e l'etichetta di testo non aggiunge nulla di più di quanto già emerge dal diagramma, è meglio ometterla.

In Figura 8.2 è visibile un esempio di associazione che collega un `Cliente` (*Mario Rossi*) al relativo indirizzo. L'etichetta specifica che detto indirizzo è quello di spedizione della merce.

Figura 8.2 In un diagramma degli oggetti questi possono essere collegati tra di loro.

Un ultimo aspetto interessante di questa tipologia di diagrammi è la possibilità di includere informazioni sullo stato degli oggetti, indicando attributi e relativo valore all'interno del riquadro dell'oggetto. In questo modo è possibile contestualizzare meglio i contenuti e lo scopo di quella specifica istanza.

In Figura 8.3 è presente un esempio. Nell'oggetto `marioRossi` si trovano gli attributi `partita iva` e `ragione sociale`, con i rispettivi valori, mentre nell'indirizzo sono presenti altri attributi, che indicano in sostanza le informazioni necessarie per il recapito degli ordini inviati da quel cliente.

Figura 8.3 All'interno dei riquadri degli oggetti è possibile specificare attributi e valori.

Nel listato seguente è presente una possibile implementazione che produce la situazione in memoria illustrata nella Figura 8.3:

```
/**
 * Main
 */
package com.apogeoeditore.pocketUML.cap08;

public class Main {
```

```
    /**
     * @param args
     */
    public static void main(String[] args) {
            Cliente marioRossi = new Cliente(
                    "Mario Rossi S.r.l.", "110029348");

            Indirizzo indirizzo = new Indirizzo(
                    "Roma", "30", "20100",
                    "Milano", "MI");

            marioRossi.setIndirizzoSpedizione(indirizzo);

    }

}
/**
 * Cliente
 */
package com.apogeoeditore.pocketUML.cap08;

public class Cliente {

    String ragioneSociale;
    String piva;

    Indirizzo indirizzoSpedizione;

    public Cliente(String ragioneSociale, String piva) {
            this.ragioneSociale = ragioneSociale;
            this.piva = piva;
    }

    public void setIndirizzoSpedizione(
                    Indirizzo indirizzo) {
            indirizzoSpedizione = indirizzo;

    }

}
/**
 * Indirizzo
 */
package com.apogeoeditore.pocketUML.cap08;

public class Indirizzo {

    String via;
    String numero;
    String cap;
    String città;
```

```
    String provincia;

    public Indirizzo(String via, String numero,
                    String cap, String città,
                    String provincia) {

            this.via = via;
            this.numero = numero;
            this.cap = cap;
            this.città = città;
            this.provincia = provincia;
    }

}
```

È importante sottolineare che gli oggetti descritti in questi diagrammi non sono direttamente istanze presenti nel software, ma piuttosto "specifiche" di istanze. È infatti possibile includere oggetti di classi astratte e specificare gli attributi desiderati, senza l'obbligo di includere tutti quelli richiesti dalla classe relativa.

Capitolo 9

Diagrammi di macchina a stati

I diagrammi di macchina a stati consentono di enumerare gli stati in cui si può trovare un sistema, un componente o una classe, indicando le transizioni tra uno stato e l'altro.

Questa tipologia di diagramma non è altro che una riproposizione, attraverso una notazione grafica unificata e standardizzata, di una tecnica utilizzata fin dagli albori dell'informatica.

Chi ha studiato informatica a scuola, probabilmente ha già utilizzato dei disegni per rappresentare stati di un sistema e transizioni tra di essi. Un classico sistema grafico era quello di rappresentare gli stati come ovali o cerchi, che contenevano un nome indicativo e che erano uniti da frecce di transizioni, etichettate con una descrizione appropriata.

In UML la logica è molto simile, anche se la notazione grafica è differente da quella sopra descritta. In particolare, i singoli stati sono rappresentati da riquadri con gli angoli arrotondati. D'altra parte non si possono utilizzare gli ovali perché sono già usati nei diagrammi dei casi d'uso.

Le transizioni sono rappresentate come frecce con la punta aperta, che seguono solitamente un percorso retto.

Nel corso del testo verrà utilizzato anche il termine diagramma degli stati *per indicare diagrammi di macchina a stati, un'approssimazione che sembra accettabile in quanto sufficientemente chiara.*

In Figura 9.1 c'è un semplice esempio che mostra i possibili stati di una lampada azionata da un interruttore. Questa può infatti essere accesa o spenta: esiste dunque un riquadro per ciascuno di questi due stati. Le transizioni possibili sono due: da spenta è possibile accendere la lampada; da accesa è possibile spegnerla.

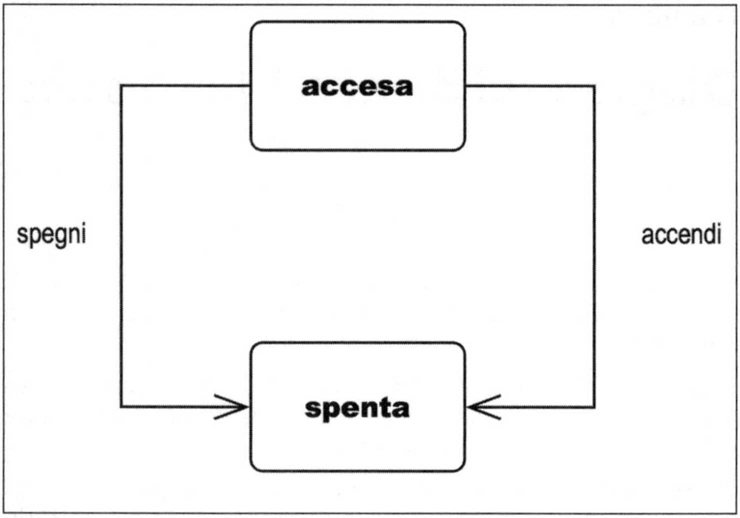

Figura 9.1 Un semplice diagramma di macchina a stati.

Un inizio e una fine

Nei diagrammi degli stati UML è possibile identificare uno stato iniziale e uno finale. Il primo costituisce il punto di inizio della situazione illustrata nel diagramma, un concetto già visto nel Capitolo 3, sui diagrammi di sequenza. Questo non è un vero e proprio stato, ma uno *pseudostato* che indica lo stato iniziale, ed eventualmente una condizione che lo innesca.

In modo similare, è possibile indicare lo stato conclusivo, che identifica la fine del ciclo di vita del sistema in oggetto. Oltre questo stato ogni elaborazione, a livello del sistema software osservato, termina e non è più possibile eseguire una transazione in uno degli stati del diagramma.

Lo pseudostato iniziale si rappresenta con un cerchio pieno, mentre quello finale da un cerchio pieno con attorno uno vuoto.

In Figura 9.2 vediamo un semplice esempio di un processo di domanda di un finanziamento, nel quale un cliente richiede un prestito a un istituto di credito e questi raccoglie informazioni, valuta il cliente e poi decide se erogare il prestito o declinare la richiesta.

I passaggi sono i seguenti:

1. la pratica viene aperta e posta in stato "aperta".
2. Vengono raccolti i documenti del cliente, come la sua busta paga ed eventuali altri. Quando questa fase è completa la pratica passa in stato di "allestita".
3. A questo punto la banca valuta la richiesta, che passa in stato "valutata".
4. La valutazione del cliente indica se quest'ultimo è potenzialmente un buon pagatore o meno. In funzione di questa informazione, la pratica passa in stato "erogata" o "declinata".
5. Questi ultimi due stati sono conclusivi del processo.

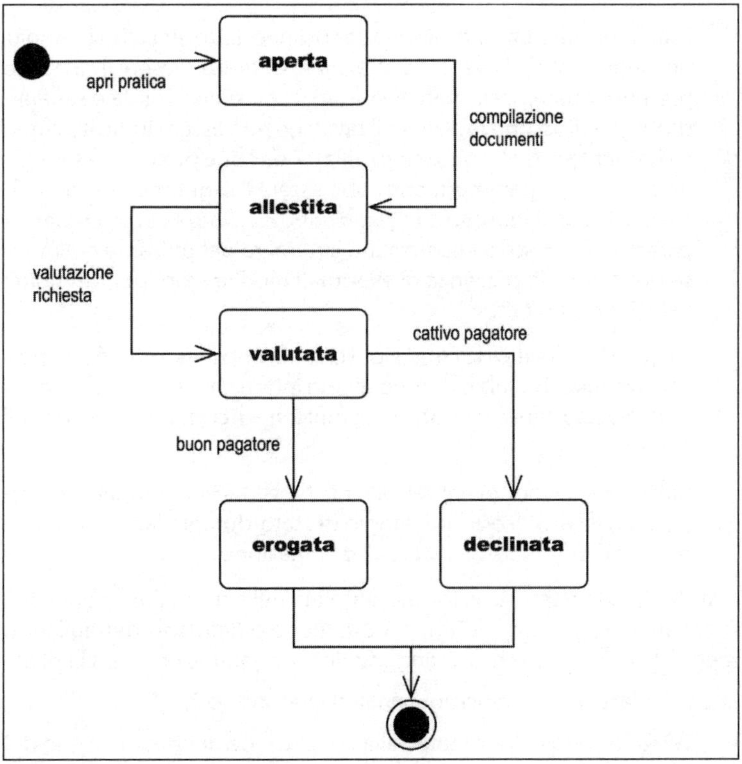

Figura 9.2 Un diagramma di macchina a stati
può includere uno pseudostato iniziale e uno finale.

Transizioni

Negli esempi precedenti sono state utilizzate transizioni per descrivere il passaggio da uno stato all'altro. UML usa una sintassi precisa per la formalizzazione di una transizione, che include quattro specifici elementi:

```
[trigger [(parametri)]][[guardia]][/attività]
```

Tutti gli elementi sono opzionali. La guardia si riconosce dal fatto che è delimitata da parentesi quadre, mentre l'attività è individuata dalla presenza di una barra che funge da prefisso. Il trigger si riconosce perché non ha nulla di tutto ciò.

Questi elementi hanno un significato specifico:

- il trigger identifica l'evento che scatena il cambiamento di stato.
- I parametri identificano informazioni fornite dall'evento. Per esempio, un parametro dell'evento "digitazione" potrebbe essere il carattere premuto. I parametri sono delimitati da parentesi tonde e separati da virgole. Possono includere il tipo, che può essere indicato come solitamente si fa in UML e cioè utilizzando i due punti. Per esempio, un evento con parametri potrebbe essere il seguente, che identifica un clic con il mouse: `clic(tasto: int, modificatori:char)`. I parametri di questo evento sono il numero del pulsante del mouse premuto e la presenza di eventuali modificatori (per esempio i tasti *Shift*, *Alt* o *Ctrl*).
- La guardia specifica le condizioni che devono essere verificate perché avvenga il cambio di stato. Si noti infatti che uno stesso evento potrebbe portare a stati diversi in funzione di condizioni diverse del sistema.
- L'attività specifica eventuali azioni che vengono intraprese dal sistema nel caso di quel passaggio di stato, durante la transizione e prima di approdare allo stato di destinazione.

Ora che è stata descritta la forma completa delle transizioni è possibile riscrivere il diagramma di Figura 9.2 in modo più preciso, dettagliando meglio le operazioni che avvengono dopo la valutazione del cliente.

In particolare, le due transizioni finali si leggono così:

- verso lo stato di "declinata": alla conclusione della valutazione del cliente, nel caso in cui sia un cattivo pagatore, invia una lettera di declino e passa allo stato di "declinata".

- Verso lo stato di "erogata": alla conclusione della valutazione del cliente, nel caso in cui sia un buon pagatore, esegui il bonifico di pagamento e passa allo stato di "declinata".

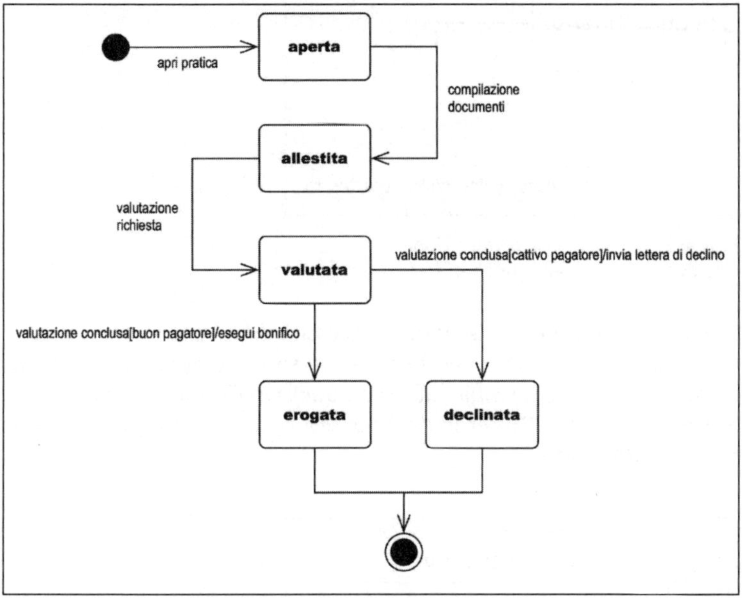

Figura 9.3 Le transizioni possono includere una descrizione dell'evento, della guardia e delle attività da eseguire.

Si noti che nel caso nel quale uno stesso evento possa portare a stati diversi, è necessario che le guardia indicate per ciascuno di quei trigger siano mutualmente esclusive, altrimenti il sistema non sarebbe in grado di capire a quale stato passare!

Attività interne

In alcuni casi è possibile rispondere a determinati eventi eseguendo un'attività, ma senza la necessità che avvenga un cambio di stato. In questo caso è possibile fare in modo che la freccia della transizione termini sullo stesso stato, come esemplificato in Figura 9.4. In questo caso, all'atto dell'aggiunta di documentazione sul cliente avviene una notifica al supervisore, ma la pratica rimane in fase di allestimento.

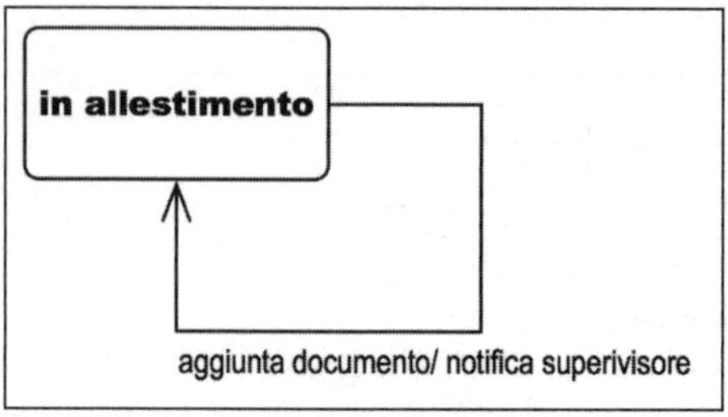

Figura 9.4 Una freccia di transizione può puntare anche allo stesso stato.

Con questo approccio c'è però la necessità di utilizzare molto spazio, soprattutto quando gli eventi da gestire sono numerosi. Come notazione alternativa è possibile utilizzare quella in Figura 9.5, dove l'evento viene descritto all'interno del riquadro dello stato. In questo caso si parla di *attività interna*.

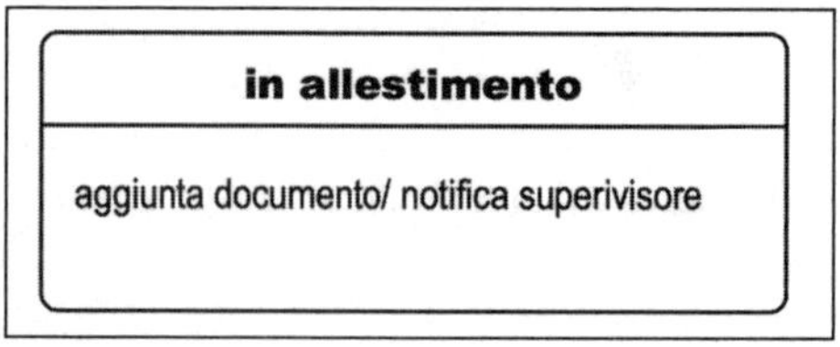

Figura 9.5 All'interno di uno stato è possibile descrivere attività che non portano a transizioni di stato.

Come attività interne è anche possibile indicare eventi speciali, come l'ingresso o l'uscita dallo stato. Rispettivamente, questi utilizzano le parole riservate `entry` e `exit`. In Figura 9.6 è visibile un esempio relativo allo stato *Valutazione cliente*. In entrata in questo stato il sistema esegue una chiamata a un componente software di valutazione automatica del cliente, che fornisce una indicazione di massima sulla solvibilità del cliente all'utente che dovrà fare la valutazione della richiesta. In uscita, invece, il sistema aggiorna automaticamente la banca dati dell'istituto di credito con le rilevazioni fatte su quel determinato cliente, in modo che le stesse informazioni siano disponibili anche ad altre applicazioni della banca.

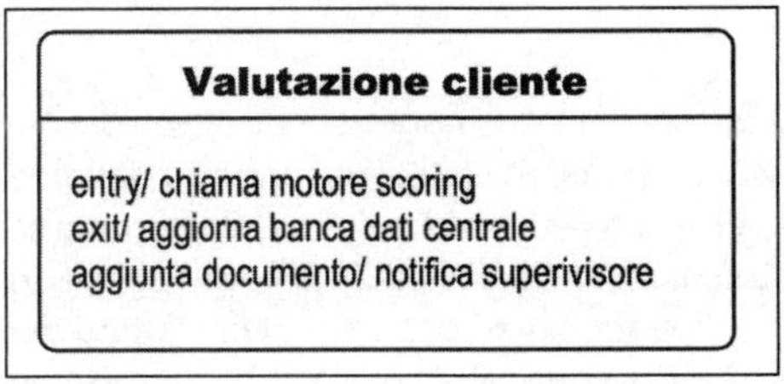

Figura 9.6 Un altro esempio di attività interne.

Un'altra tipologia di attività speciale che utilizza una parola riservata è quella che consente l'esecuzione di un'attività specifica o di un altro diagramma di macchina a stati. Questo tipo di attività è marcata dalla parola do, che in inglese significa "fare". Il termine allude infatti all'esecuzione di una specifica attività senza che questa sia il risultato della risposta a un particolare evento.

Questo significa che l'attività viene svolta comunque e di continuo, per il fatto stesso di essere all'interno di quel determinato stato. Ovviamente l'attività può essere sospesa, eventualità che viene evidenziata da una transizione che esce dallo stato che la contiene.

In Figura 9.7 è presente un esempio. Il processo parte con l'avvio di un server che si occupa di accettare le richieste e invocare un servizio. Lo stato "Attesa" ripete in continuazione l'attività di "attesa richieste". Quando un client invia una richiesta via rete, viene eseguito il servizio richiesto e il sistema passa nello stato "Invocazione servizio". Al termine, il sistema torna nello stato di attesa.

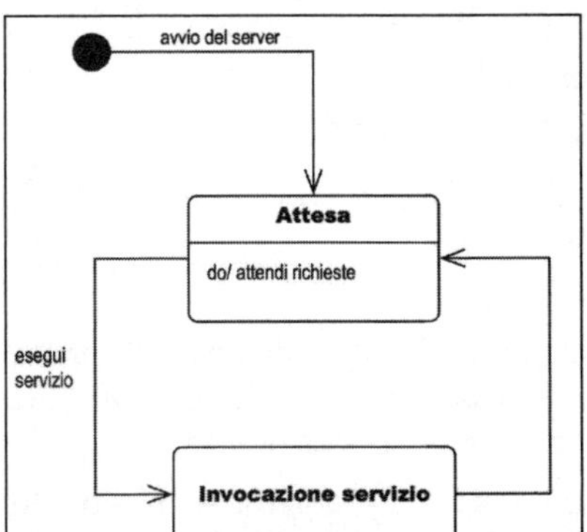

Figura 9.7 Un esempio di utilizzo di attività automatica.

Stati annidati

In alcuni casi è utile raccogliere alcuni stati omogenei, che rappresentano una sorta di sottoprocesso, in un macro stato. Si ottengono così due benefici: per prima cosa, avviene una razionalizzazione del diagramma la relazione tra il macro stato e il resto degli stati appare più chiara; in secondo luogo è possibile riutilizzare il macrostato in diversi punti del diagramma, proprio come si riutilizza una classe o una subroutine in un programma software.

Nella Figura 9.8 c'è un esempio dove l'intero processo di composizione di un numero telefonico su un telefono cellulare è raggruppato in un macro stato. Questo viene riutilizzato in diversi contesti, per esempio quando il dispositivo mobile viene utilizzato per una chiamata vocale, l'invio di un fax o di un SMS.

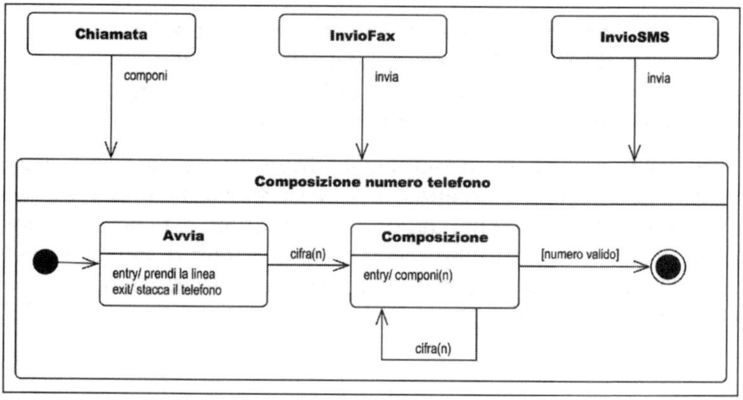

Figura 9.8 Un esempio di stato annidato
che si occupa della composizione di un numero di telefono.

Stati concorrenti

Un altro aspetto importante dei diagrammi degli stati è la possibilità di rappresentare stati concorrenti, che in taluni casi costituisce una scelta obbligata al fine di mantenere una certa semplicità grafica.

In Figura 9.9 è presente un esempio tratto dal diagramma precedente, ma che presuppone, in questo caso, che la composizione del numero avvenga all'interno di una chiamata con il modem di sistema. In concorrenza alla composizione del numero di telefono viene però ora anche considerato lo stato dello speaker interno del modem. Questo, quando attivo, permette all'utente di udire la composizione del numero di telefono e i segnali di comunicazione del modem. Quando non attivo, l'utente non sente nulla. L'aspetto di composizione del numero e lo stato dello speaker del modem sono svincolati tra di loro e disegnare un diagramma che comprenda tutti i possibili "incroci" tra uno stato e l'altro sarebbe molto complesso. Indicando gli stati concorrenti il disegno viene notevolmente semplificato.

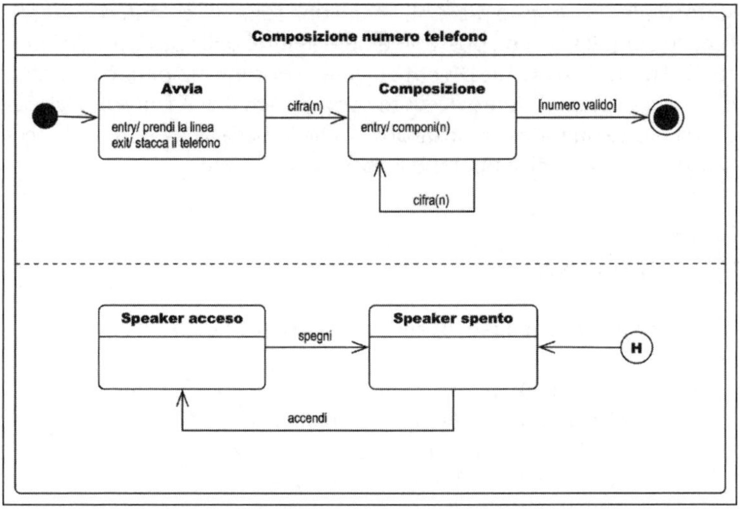

Figura 9.9 Gli stati concorrenti sono suddivisi da una linea tratteggiata.

Il cerchio con all'interno una H individua uno *pseudostato di storia*. H infatti è l'iniziale della parola inglese *history*. Questo significa che quando inizia la composizione del numero di telefono lo speaker del modem si pone nello stato di acceso/spento attivo al momento della composizione precedente.

Implementare i diagrammi di stato

Quando si tratta di tradurre in codice un diagramma di stato, ci sono sostanzialmente tre alternative possibili:

1. codificare una serie di costrutti decisionali, all'interno di una stessa classe, al fine di determinare il comportamento della stessa.

2. Implementare il pattern *State*, dove ciascun stato è concretizzato da una specifica classe.

3. Realizzare una tabella decisionale, dove riassumere i trigger, le guardie e le azioni da intraprendere.

Per vedere nel concreto queste tre possibilità implementeremo il diagramma illustrato in Figura 9.2.

La prima versione utilizza i costrutti decisionali. La classe `StatoPratica` gestisce lo stato della pratica a cui è associato. Il campo `stato` contiene lo stato attuale, che per default vale zero. Questo valore indica "nessuno stato". Nella classe sono presenti anche una serie di costanti che identificano i singoli stati che possono essere assunti dalla pratica. È poi presente il metodo `gestisciEvento()`, che si occupa di operare il cambio di stato gestendo l'evento ricevuto come parametro. All'interno del metodo ci sono una serie di istruzioni `if` che in base all'evento ricevuto e allo stato della pratica operano il passaggio di stato.

```
/**
 * StatoPratica
 */
package com.apogeoeditore.pocketUML.cap09.s1;

public class StatoPratica {
    public static final int aperta = 1;
    public static final int allestita = 2;
    public static final int valutata = 3;
    public static final int erogata = 4;
    public static final int declinata = 5;

    //stato della pratica
    private int stato = 0;

    void gestisciEvento(Evento e) {
            if (e.codice == Evento.compilaDocumentiEvento &&
                            stato == aperta) {
                    stato = allestita;
            }
            if (e.codice == Evento.valutazioneRichiesta &&
                            stato == allestita) {
                    stato = valutata;
            }
```

```
            if (e.codice == Evento.buonPagatore &&
                            stato == valutata) {
                    stato = erogata;
            }
            if (e.codice == Evento.cattivoPagatore &&
                            stato == valutata) {
                    stato = declinata;
            }
    }

    class Evento {
            public static final int
                    compilaDocumentiEvento = 1;
            public static final int valutazioneRichiesta = 2;
            public static final int buonPagatore = 3;
            public static final int cattivoPagatore = 4;

            int codice;
    }
}
```

La seconda versione utilizza il pattern *State*. Per ciascuno stato è quindi presente una specifica classe, che contiene la logica di passaggio allo stato successivo, sulla base dell'evento ricevuto. Anche per ciascun evento c'è una classe specifica, che implementa l'interfaccia `Evento`.

Il codice è il seguente:

```
/**
 * Stato
 */
package com.apogeoeditore.pocketUML.cap09.s2;

public interface Stato {

     public Stato gestisciEvento(Evento e);

}
/**
 * Evento
 */
package com.apogeoeditore.pocketUML.cap09.s2;

public interface Evento {

}
```

```
/**
 * ApertaStato
 */
package com.apogeoeditore.pocketUML.cap09.s2;

public class ApertaStato implements Stato {

     public Stato gestisciEvento(Evento e) {
             if (e instanceof CompilaDocumentiEvento) {
                     return new AllestitaStato();
             }
             return this;
     }

}
/**
 * AllestitaStato
 */
package com.apogeoeditore.pocketUML.cap09.s2;

public class AllestitaStato implements Stato {

     public Stato gestisciEvento(Evento e) {
             if (e instanceof
                             ValutazioneRichiestaEvento) {
                     return new ValutataStato();
             }
             return this;
     }

}
/**
 * ValutataStato
 */
package com.apogeoeditore.pocketUML.cap09.s2;

public class ValutataStato implements Stato {

     public Stato gestisciEvento(Evento e) {
             if (e instanceof CattivoPagatoreEvento) {
                     return new DeclinataStato();
             }
             if (e instanceof BuonPagatoreEvento) {
                     return new ErogataStato();
             }
             return this;
     }

}
/**
 * DeclinataStato
 */
package com.apogeoeditore.pocketUML.cap09.s2;
```

```
public class DeclinataStato implements Stato {

     public Stato gestisciEvento(Evento e) {
             return null;
     }

}
/**
 * DeclinataStato
 */
package com.apogeoeditore.pocketUML.cap09.s2;

public class DeclinataStato implements Stato {

     public Stato gestisciEvento(Evento e) {
             return null;
     }

}
/**
 * CompilaDocumenti
 */
package com.apogeoeditore.pocketUML.cap09.s2;

public class CompilaDocumentiEvento implements Evento {

}
/**
 * ValutazioneRichiesta
 */
package com.apogeoeditore.pocketUML.cap09.s2;

public class ValutazioneRichiestaEvento implements Evento
{

}
/**
 * BuonPagatore
 */
package com.apogeoeditore.pocketUML.cap09.s2;

public class BuonPagatoreEvento implements Evento {

}
/**
 * CattivoPagatore
 */
package com.apogeoeditore.pocketUML.cap09.s2;

public class CattivoPagatoreEvento implements Evento {

}
```

La terza implementazione si basa su una tabella di database chiamata WORKFLOW che contiene tre colonne: STATO_PARTENZA, TRIGGER e STATO_ARRIVO. Il metodo di passaggio di stato non fa altro che cercare lo stato di destinazione a fronte dello stato attuale e dell'evento ricevuto. Diversamente dalle implementazioni precedenti, i codici dello stato e dell'evento sono implementati come stringa, in modo che siano più descrittivi. Il codice è il seguente:

```
/**
 * StatoPratica
 */
package com.apogeoeditore.pocketUML.cap09.s3;

/**
 * Tabella WORKFLOW
 *
 * STATO_PARTENZA
 *          TRIGGER                 STATO_ARRIVO
 * ==========================================================
 * aperta   compilaDocumentiEvento  allestita
 * allestita valutazioneRichiesta   valutata
 * valutata buonPagatore            erogata
 * valutata cattivoPagatore         declinata
 */
public class StatoPratica {
     String statoCorrente;

     void gestisciEvento(Evento e) {
             String statoDestinazione = DB.select(
                     "SELECT " +
                     "  STATO_ARRIVO " +
                     " FROM " +
                     "  WORKFLOW " +
                     " WHERE " +
                     "  STATO_PARTENZA=? AND " +
                     "  TRIGGER=?",
                     new Object[] {
                             statoCorrente,
                             e.codiceEvento
                     },
                     "VARCHAR");

             if (statoDestinazione != null) {
                     statoCorrente = statoDestinazione;
             }
     }

     class Evento {
             String codiceEvento;
     }
}
```

Capitolo 10

Diagrammi di attività

Con i diagrammi di attività avviene una connessione diretta tra il moderno e l'antico, tra la tradizione legata alla programmazione procedurale e le nuove tecniche orientate agli oggetti. I diagrammi di attività servono infatti a descrivere algoritmi o, in generale, qualsiasi tipo di processo, lo stesso scopo dei cari e vecchi diagrammi di flusso.

Questi ultimi (i noti *flowchart*) venivano utilizzati per rappresentare graficamente algoritmi nella programmazione procedurale, offrendo semplici elementi come input, output, assegnazioni e controlli decisionali che venivano combinati in un processo logico.

L'utilizzo dei diagrammi di flusso avveniva in diversi ambienti. Sicuramente costituivano un mezzo semplice per avvicinare i neofiti ai primi rudimenti di programmazione procedurale e in generale alla formalizzazione di un algoritmo che potesse essere poi codificato in un linguaggio per computer. Il diagramma di flusso costituiva il primo passaggio proprio perché non richiedeva di imparare un linguaggio di programmazione formale o semi-formale, come poteva essere la pseudocodifica. Era possibile definire un algoritmo con pochi e semplici elementi grafici, attraverso una metodica, il disegno, che sostanzialmente fa parte del bagaglio culturale di ogni persona.

Al di fuori del contesto didattico, i diagrammi di flusso potevano talvolta essere impiegati in riunione, magari davanti alla lavagna, per descrivere meglio un concetto, ruolo che come spiegato nei capitoli precedenti, è ora spesso affidato a UML.

I diagrammi di attività raccolgono l'importante eredità dei diagrammi di flusso, ma non si può dire che ne siano una riproposizione tale e quale. In questi diagrammi UML troviamo infatti la possibilità di rappresentare esecuzioni parallele, di scomporre processi complessi in sottodiagrammi, di suddividere le attività per meglio contestualizzarle, di utilizzare segnali temporali, di impiegare token, segnali, pin e così via. I diagrammi di attività non possono quindi essere considerati una mera riproposizione dei diagrammi di flusso.

Inoltre, i diagrammi di attività hanno il vantaggio di essere elementi standardizzati, anche se è opportuno dire subito che questa tipologia di diagrammi non è sicuramente una di quelle di maggior successo all'interno dell'offerta di UML. I diagrammi di flusso, invece, non avevano una definizione rigorosa e univoca, quindi chiunque li utilizzasse si sentiva libero di impiegarli a piacimento, adattandone le caratteristiche in modo da soddisfare le proprie necessità.

I diagrammi di attività sono importanti anche in contesto funzionale, per modellare processi di business ad alto livello, oppure workflow operativi che coinvolgono attori diversi. Per esempio, si potrebbe disegnare un diagramma di attività che illustra tutte le azioni e le decisioni collegate all'erogazione di un finanziamento all'interno di un istituto di credito, un'operazione che coinvolge solitamente numerose persone con differenti ruoli e fisicamente distribuiti in luoghi geografici diversi.

Azioni e flussi

In un diagramma di attività ci sono due elementi essenziali, che permettono di capire i confini del processo. Questi sono il nodo iniziale e finale, che si rappresentano come gli omonimi visti nel capitolo precedente. Dal nodo iniziale parte una freccia con punta aperta che connette il nodo alla prima azione del diagramma, questa connessione è detta *flusso* o *arco*. L'azione è rappresentata come uno stato in un diagramma di macchina a stati e cioè attraverso un riquadro dai bordi arrotondati. Dal riquadro che rappresenta un'azione esce ed entra una sola freccia. In Figura 10.1 è presente un esempio di un semplice algoritmo di acquisizione di un ordine online. Il processo inizia con la ricezione dell'ordine da parte del cliente, poi il sistema verifica se i prodotti ordinati sono disponibili a magazzino. Un messaggio di posta elettronica al cliente lo informa dell'accettazione dell'ordine. Con quest'ultima azione il processo termina.

Un nome, che si indica sulla freccia stessa, può essere assegnato al flusso. Ovviamente questo aggiunge complessità al diagramma, oltre a richiedere più spazio per poter essere disegnato. All'atto pratico si preferisce omettere il nome, in quanto la sua aggiunta, spesso, non è di aiuto per la chiarezza del diagramma. In Figura 10.2 è presente lo stesso diagramma della Figura 10.1 con aggiunti i nomi dei flussi.

Figura 10.1 Un semplice esempio di diagramma di attività.

Figura 10.2 I flussi, o archi, possono includere un nome.

Se il diagramma è particolarmente complesso è possibile utilizzare i connettori, che non sono altro che "rimandi", da un punto all'altro del diagramma, di una connessione. Si rappresentano come cerchi vuoti con all'interno un'etichetta. In Figura 10.3 c'è un esempio: dopo l'azione di verifica si passa all'invio della mail di conferma, ma lo spazio disponibile in verticale è esaurito. In questo caso il diagramma prosegue a lato, dal punto ove è indicato il connettore con etichetta *A*. Questo è solo un esempio di utilizzo dei connettori. In realtà spesso si usano per evitare di tracciare numerose linee sul diagramma, che inevitabilmente si incrocerebbero tra di loro, creando confusione e riducendo la leggibilità della figura.

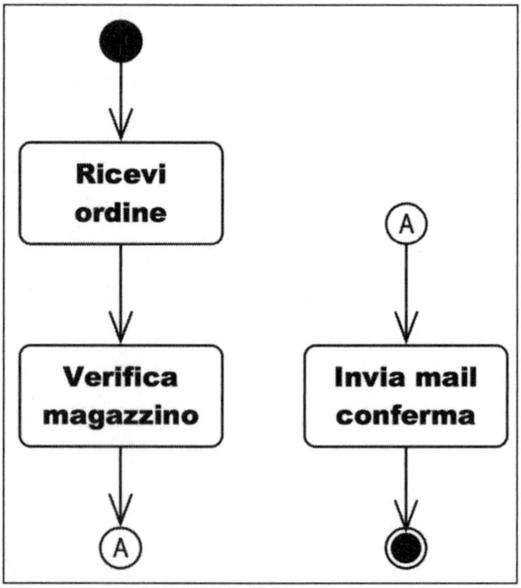

Figura 10.3 L'utilizzo dei connettori negli archi consente di realizzare "rimandi".

Controlli decisionali

La possibilità di specificare flussi alternativi, decisi da specifiche condizioni è un elemento fondamentale nei diagrammi di attività.e si realizza attraverso le *decisioni*, rappresentate nel diagramma da un rombo. In Figura 10.4 è presente un esempio.

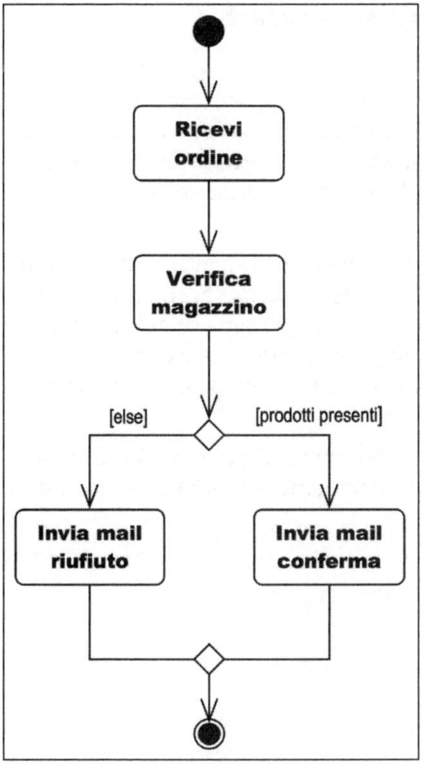

Figura 10.4 I controlli decisionali si rappresentano tramite piccoli rombi.

Una decisione può avere un singolo flusso di ingresso, ma più flussi di uscita. Ciascuno di questi è contraddistinto da *guardie*, un concetto già descritto nei capitoli precedenti. Come nelle tipologie di diagrammi precedenti, le guardie sono scritte tra parentesi quadre e in questo caso devono essere mutualmente esclusive, in quanto deve essere possibile determinare in modo univoco l'azione che segue nel flusso logico. Per brevità, è anche possibile utilizzare la guardia `[else]`, che identifica la direzione da seguire se non si verifica nessuna delle altre guardie presenti sulla stessa decisione.

I due flussi di uscita dalle azioni di invio della mail vengono raccordate da un altro rombo, che in questo caso assume il nome di *merge*, e a cui è affidato il compito di coniugare le separazioni di percorso originate da un controllo decisionale.

Diagrammi principali e secondari

Come accennato, i diagrammi di attività offrono la possibilità di scomporre parti complesse in diagrammi più semplici. Questa possibilità è fondamentale per poter ideare processi complessi, senza per questo dover avere diagrammi complicati. D'altra parte, la scomposizione è una delle tecniche fondamentali per l'organizzazione dei processi, anche non informatici.

Un diagramma di attività, quando contiene riferimenti a sotto-diagrammi si dice *diagramma principale*, in opposizione ai sotto-diagrammi, che si dicono *secondari*. All'interno del diagramma principale saranno presenti una o più azioni, che vengono rappresentate con l'icona di un rastrello, per indicare che l'azione è meglio dettagliata in un diagramma secondario.

In Figura 10.5 troviamo lo stesso algoritmo di Figura 10.4, ma al posto del controllo decisionale c'è un riferimento a una azione secondaria, sviluppata in Figura 10.6.

Figura 10.5 Lo stesso algoritmo della figura precedente, che questa volta utilizza un'azione secondaria.

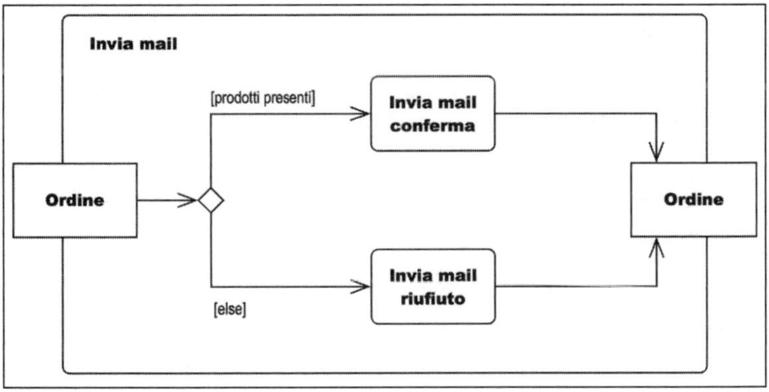

Figura 10.6 Diagramma secondario relativo alla figura precedente.

Un diagramma di attività secondario è racchiuso da un grosso riquadro di attività, al cui interno è specificato un algoritmo. Si possono anche indicare parametri di input e di output, in modo da stabilire una comunicazione tra il diagramma principale e quello secondario. Nel caso del diagramma in Figura 10.6, il parametro di input è l'ordine ricevuto.

Implementare le attività

La scomposizione in sottodiagrammi è un modo per implementare un'attività, cioè per dettagliare più approfonditamente i suoi contenuti. Nei diagrammi di attività c'è un altro modo per entrare nel dettaglio delle azioni, ed è quello di indicare direttamente nell'azione il metodo da invocare e la relativa classe di appartenenza. Per fare questo si utilizza la sintassi `nome-classe::nome-metodo`. Nel caso l'invocazione sia più complessa, è possibile scrivere addirittura un blocco di codice che contenga tutte quanto sia necessario. In Figura 10.7 è presente un esempio che sviluppa l'algoritmo decisionale direttamente attraverso un blocco di codice.

Elaborazione parallela

I diagrammi di attività possono includere l'indicazione di elaborazioni parallele. In un qualsiasi momento del diagramma il flusso può essere suddiviso in due o più percorsi. Da quel momento in avanti si intende che i singoli percorsi sono portati avanti in modo indipendente e secondo i tempi e le modalità relative a quanto da loro specificato nel diagramma stesso.

Figura 10.7 È possibile sviluppare un'attività direttamente in codice nel relativo riquadro.

La suddivisione del processo avviene tramite un elemento grafico che assume il nome di *fork* e che ha l'aspetto di una barra nera più spessa delle normali linee di connessione tra le azioni. Lo stesso elemento grafico viene utilizzato per definire una *join*, che ha lo scopo opposto, e cioè quello di raccogliere diversi flussi e convogliarli in uno comune. Fork e join si distinguono tra di loro in quanto in un fork c'è sempre e solo un percorso in ingresso, ma sono presenti più percorsi d'uscita; in una join, invece, ci sono due o più percorsi d'ingresso, mentre quello d'uscita è unico.

Incidentalmente, fork *è anche il nome di una chiamata Unix che ha proprio la funzione di seprarare il processo corrente in due, creando un sottoprocesso.*

In Figura 10.8 c'è un esempio di utilizzo di fork e join per definire un algoritmo di elaborazione parallelo. Nell'esempio viene ipotizzato un semplice processo per la determinazione di una vacanza completa di volo, albergo e autonoleggio in loco, adatto per esempio per un sito online di vendite di viaggi. Ovviamente qui il processo è semplificato al massimo, al limite della logicità. In realtà, si desidera porre l'attenzione sulle attività di ricerca, che dovendo eseguire numerose sottoattività, incluse probabilmente ricerche su basi dati o applicazioni esterne, devono essere per forza eseguite in parallelo, in modo da ottimizzare i tempi di risposta all'utente.

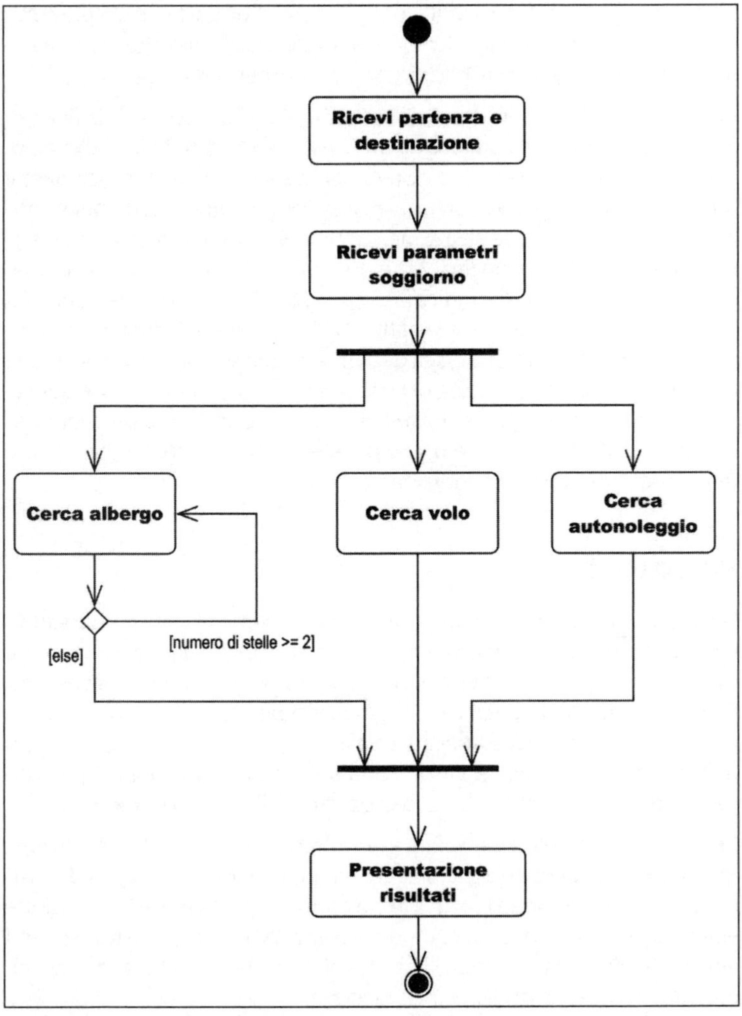

Figura 10.8 Un esempio di elaborazioni parallele.

Nelle prime due attività, il processo riceve il luogo di partenza e di destinazione, oltre ad altre informazioni essenziali sulla vacanza, come la durata o eventuali parametri aggiuntivi di restrizione delle ricerche. A questo punto il flusso si divide in tre operazioni parallele, rispettivamente per la ricerca dell'albergo, del volo e dell'autonoleggio che rispondono ai parametri di ricerca introdotti.

Solo nel caso della ricerca dell'albergo l'operazione si fa un po' più complicata, in quanto nell'algoritmo è inserito un controllo che elimina automaticamente gli alberghi che non sono almeno due stelle.

Al termine delle operazioni di ricerca i flussi si riuniscono nella linea di join per presentare il risultato all'utente.Nel contesto delle elaborazioni concorrenti è interessante notare come sia possibile condizionare il termine di un join attraverso una espressione. Se non viene specificato nulla, il flusso prosegue all'azione successiva al join quando tutti i percorsi alternativi sono conclusi. Ma è possibile specificare una condizione personalizzata, che viene indicata di fianco alla linea di join. Per esempio, si immagini di volere che il sistema ipotizzato nella Figura 10.8 interrompa l'elaborazione e fornisca dati parziali allo scadere di un tempo di timeout, che potrebbe essere di 60 secondi. Si potrebbe indicare questa condizione come rappresentato in Figura 10.9: ogni flusso parallelo viene identificato da una lettera, che poi viene utilizzata nella condizione di join per formulare la condizione.

Partizioni

Nei diagrammi di attività è possibile *partizionare* le attività stesse suddividendole in colonne. In ognuna si raccoglie quanto viene eseguito da uno specifico partecipante, che si indica in alto nella rispettiva colonna. Questo permette di specificare il contesto delle attività; da una prospettiva software è possibile indicare quale componente, o classe, si occupa di determinate azioni; nel caso di una prospettiva funzionale, i partecipanti possono essere ruoli o organizzazioni all'interno dell'azienda.

In Figura 10.10 c'è un semplice esempio composto da due partizioni: quella relativa all'interfaccia utente e quella relativa alla logica di business. La prima contiene le attività che hanno a che fare con l'interazione verso l'utente, come la raccolta delle informazioni che costituiscono i vincoli di ricerca. La seconda si occupa di contenere le elaborazioni che producono i dati gestiti dall'interfaccia.

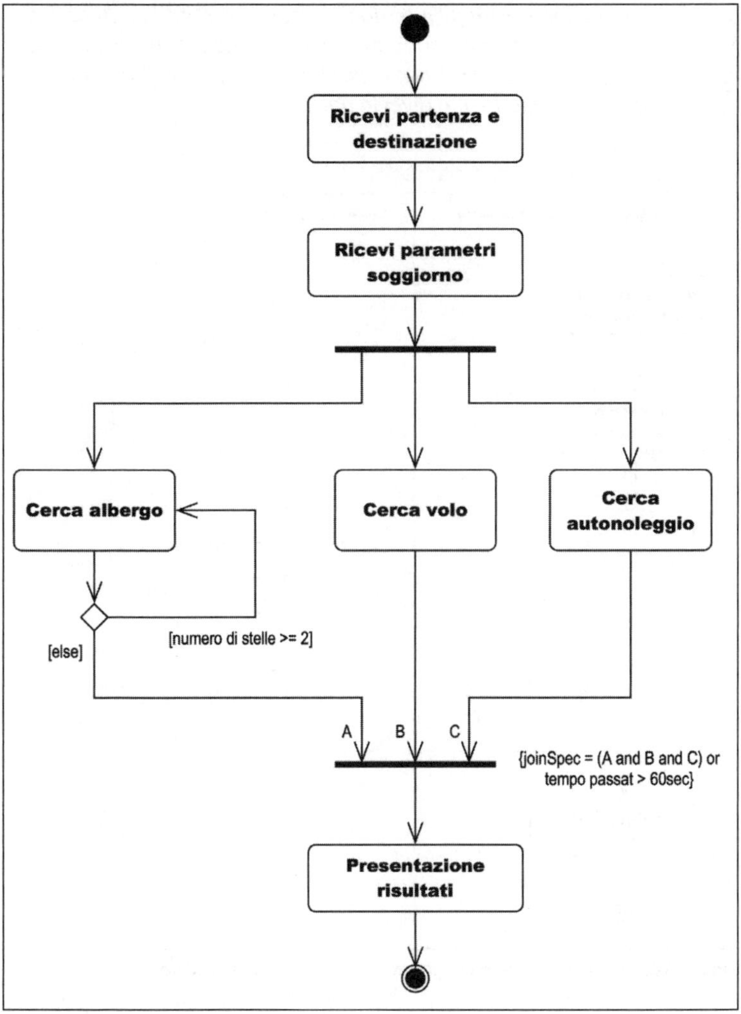

Figura 10.9 Un esempio di specifica di join.

Attenzione a non confondere le partizioni con l'esecuzione parallela. Sono concetti differenti che hanno una rappresentazione grafica radicalmente diversa. L'elaborazione concorrente utilizza barre di fork e join, specificando operazioni che avvengono contemporaneamente. Nel caso delle partizioni, l'elaborazione è in

successione, tutta all'interno dello stesso thread. Si noti però che le due notazioni possono essere impiegate insieme, nello stesso diagramma. È quindi possibile che thread paralleli vengano eseguiti ciascuno in una diversa partizione.

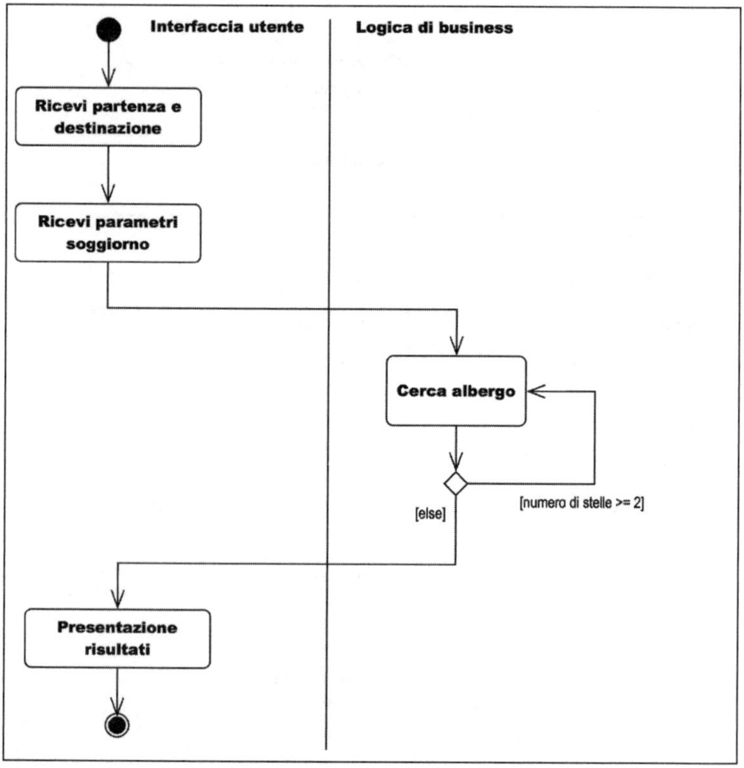

Figura 10.10 Un diagramma di attività suddiviso in due partizioni.

È possibile partizionare un diagramma delle attività anche orizzontalmente, indicando i nomi dei partecipanti ad inizio o fine della riga. In questo modo si creano griglie bidimensionali che permettono di sovrapporre fino a due tipologie di partecipanti. Per esempio, in un diagramma funzionale, nelle colonne si potrebbe indicare la posizione geografica, come Roma, Milano e Padova, mentre nelle righe si potrebbero indicare i ruoli funzionali, come Contabilità, Magazzino o Pianificazione.

Azioni e parametri

In Figura 10.6 è stato introdotto il concetto di parametro ad una azione, ma solo nel contesto di un diagramma secondario. In realtà è possibile specificare parametri e valori di ritorno per qualsiasi azione, indipendentemente dalla posizione e dalla tipologia di diagramma che si sta disegnando. I parametri delle azioni rappresentano un livello di dettaglio significativo per il quale è necessario assicurarsi una uniformità tra l'output di una azione e l'input di quella successiva. Questo, spesso porta in pratica a non specificare i parametri delle azioni.

A livello funzionale l'input e l'output di un'azione possono rappresentare le risorse consumate e prodotte da una determinata azione.

Il modo più semplice per rappresentare l'output di un'azione e il conseguente input di quella successiva è quella di utilizzare un *nodo oggetto*, che non è altro che un modo per raccordare due azioni passando per un riquadro dagli angoli squadrati, che rappresenta un oggetto. Un esempio è in Figura 10.11: qui *Ordine* è un oggetto, e non una azione, come si capisce dalla forma del riquadro. Come è facile immaginare, questa notazione non è altro che lo sviluppo di quella mostrata in Figura 10.6.

Figura 10.11 I nodi oggetto consentono di specificare parametri delle azioni.

Pin

Un altro modo per rappresentare parametri, sia di input che di output, è quello di utilizzare i *pin*, che sono piccoli quadrati alla base della connessione della freccia di flusso. Il contenuto del diagramma in Figura 10.11 è rappresentabile per mezzo dei pin come illustrato nella figura successiva.

Figura 10.12 Rappresentazione di parametri attraverso i pin.

Può capitare che l'output prodotto da un azione non sia omogeneo all'input richiesto dall'altra. Si presenta quindi la necessità di eseguire delle trasformazioni, che si possono specificare nei diagrammi attraverso riquadri di note associate all'arco che connette l'output e l'input disomogenei. Un esempio è presente in Figura 10.13, dove l'azione di invio del messaggio di posta si aspetta un parametro di tipo `MailMessage`. Questo viene ottenuto invocando il metodo `createMessaggioConferma()` sull'oggetto ordine che arriva dall'azione di verifica.

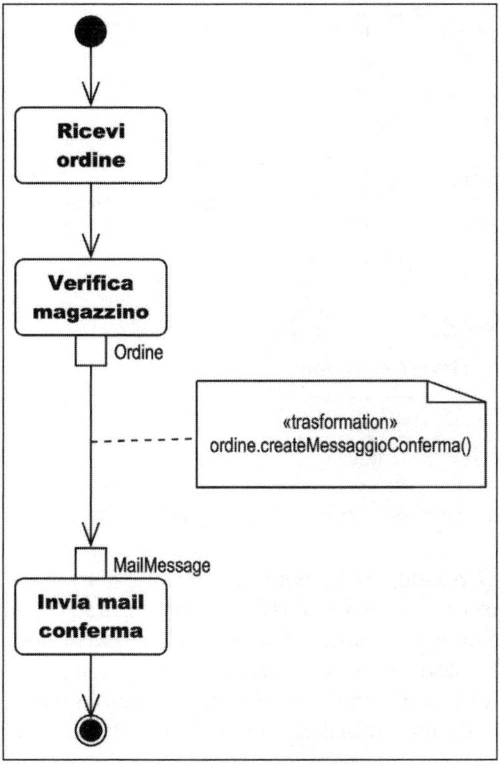

Figura 10.13 Un esempio di trasformazione.

Facciamo ora un'altra ipotesi, immaginando che l'azione di invio del messaggio di posta si aspetti invece solo il codice dell'ordine e il destinatario. In questo caso si presuppone che l'azione di invio del messaggio di posta non farà altro che comporre un nuovo messaggio con un testo predefinito, lo completerà con il numero dell'ordine e lo invierà al destinatario. In questo caso gli input sono quindi due, e sul diagramma troveranno posto altrettanti pin (Figura 10.14).

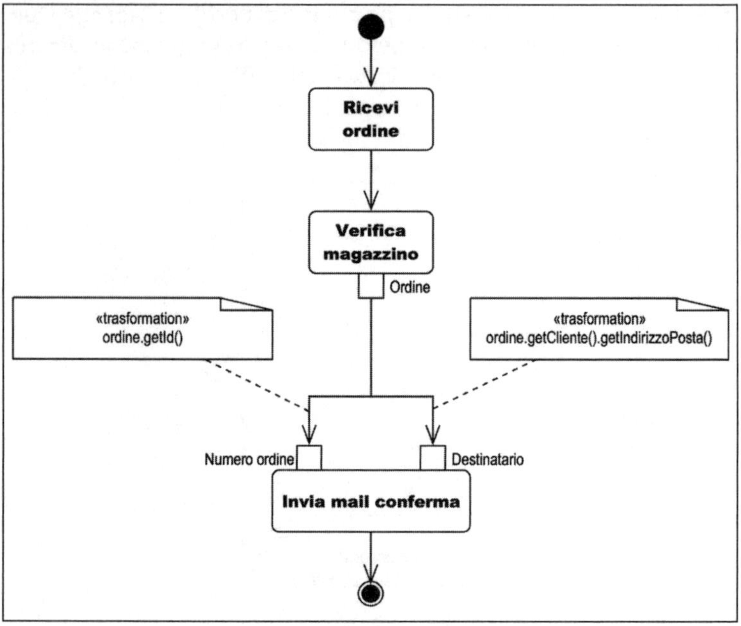

Figura 10.14 L'output di un'azione può essere suddiviso in elementi diversi.

Il lettore più attento avrà notato che in ingresso all'azione di invio del messaggio di posta sono presenti due flussi. Ciò è in contrasto con quanto asserito prima in questo stesso capitolo. Nonostante ciò sia vero, questa notazione non è in contrasto con le specifiche di UML. Infatti, in questo caso siamo di fronte a una join *implicita*. In altre parole, quella mostrata in Figura 10.14 è una semplificazione grafica perfettamente legale in UML 2.0.

Regioni di espansione

In alcuni casi può succedere che in uscita da un'azione sia necessario eseguire un certo blocco di azioni, una volta per ciascun elemento prodotto in output dall'azione precedente. Per esempio, si consideri il caso di dover verificare la disponibilità a magazzino di ciascun prodotto presente in un ordine di acquisto ed eventualmente di bloccarne la quantità richiesta per soddisfare l'ordine in fase di esame. In questo caso le due operazioni di verifica e prenotazione devono essere ripetute per ciascuna riga dell'ordine. È possibile rappresentare questa eventualità utilizzando una *regione di espansione*, che non è altro che un insieme di azioni delimitate da un riquadro tratteggiato e con angoli arrotondati. In ingresso alla regione di espansione arriva la composizione dell'ordine e in uscita una conferma o meno della disponibilità degli stessi. Questa situazione è illustrata in Figura 10.15.

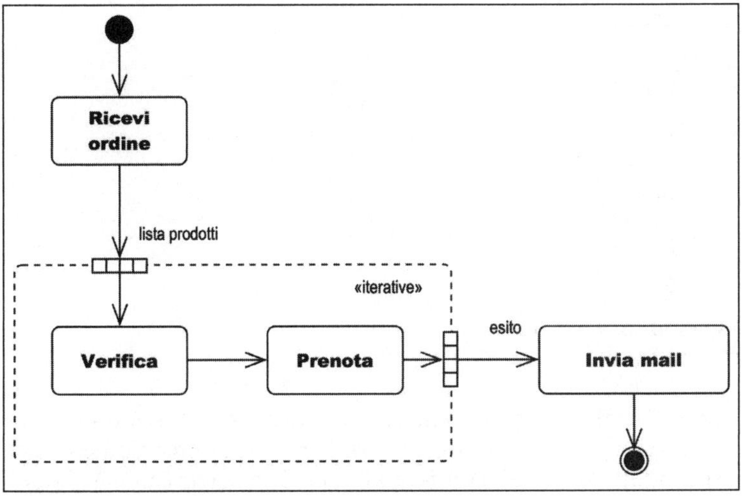

Figura 10.15 Un esempio di regione di espansione.

All'interno della regione di espansione c'è un'etichetta che indica la modalità di elaborazione. In questo caso si tratta di `«iterative»`, che identifica una elaborazione sequenziale delle informazioni, ma è possibile anche specificare `«concurrent»`. In questo caso si segnala che la verifica e la successiva prenotazione sono operazioni che possono essere svolte in parallelo. Se l'azione che comprende la regione di espansione è composta da una sola azione è possibile utilizzare una notazione grafica più compatta, che non prevede il contorno tratteggiato, ma che comporta la presenza della fila di quadratini che identificano l'inizio e la fine della regione (Figura 10.16).

Quando si parla di regioni di espansione viene utile un altro elemento grafico dei diagrammi delle attività, che fino a ora non è stato illustrato. Come noto, l'inizio e la fine di un diagramma sono indicati dal nodo iniziale e dal nodo finale. Ma è anche possibile indicare la fine di uno specifico flusso, senza per questo che termini l'intero processo disegnato nel diagramma.

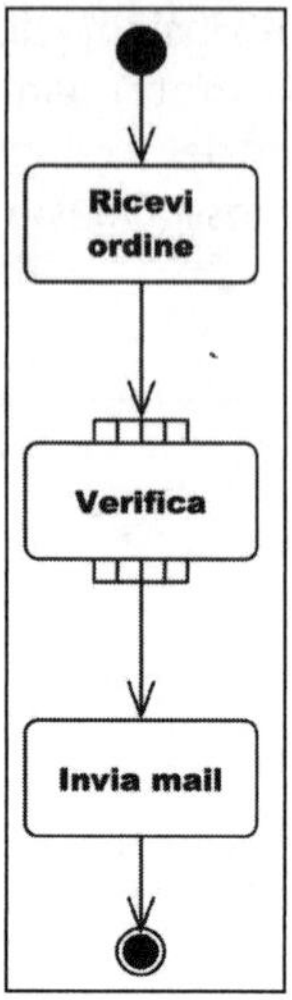

Figura 10.16 Una regione di espansione composta da una sola azione.

La fine di un flusso viene indicata con un cerchio che presenta al suo interno una croce. In Figura 10.17 ne vediamo un esempio. Come si nota, se il prodotto non risulta verificato, l'elaborazione termina, ma solo per l'iterazione corrente.

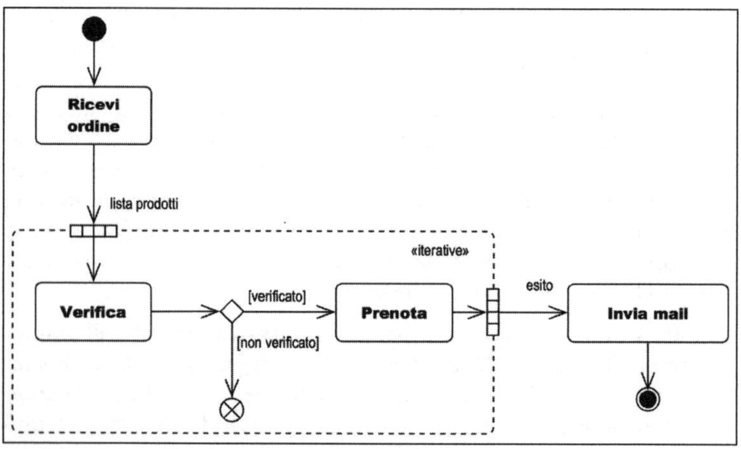

Figura 10.17 È possibile indicare la fine di un flusso, che non rappresenta però il termine di tutto il processo.

Segnali temporali

Nei diagrammi di attività è possibile indicare operazioni che si svolgono in momenti prefissati, e non solo in funzione del passaggio da un'azione all'altra. Per esempio, è possibile eseguire l'azione di backup automatico dei documenti sul disco fisso ogni giorno alle 8.30 di mattina (Figura 10.18). In questo caso si utilizza un orario fisso, ma si potrebbe specificare qualsiasi tipologia di momento temporale. Per esempio, si potrebbe far partire il backup due ore dopo l'accensione del computer (Figura 10.19).

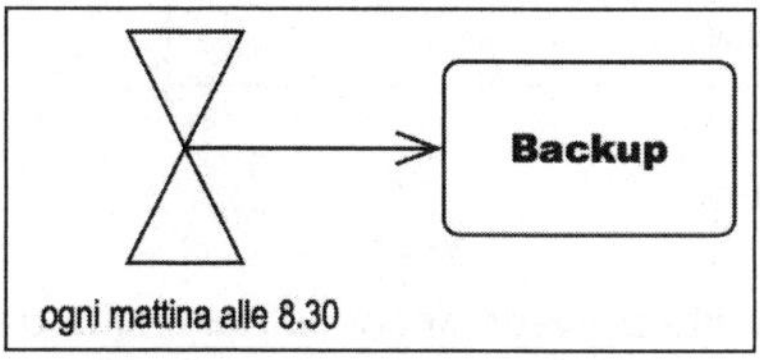

Figura 10.18 Un segnale temporale per eseguire un backup a un orario prefissato.

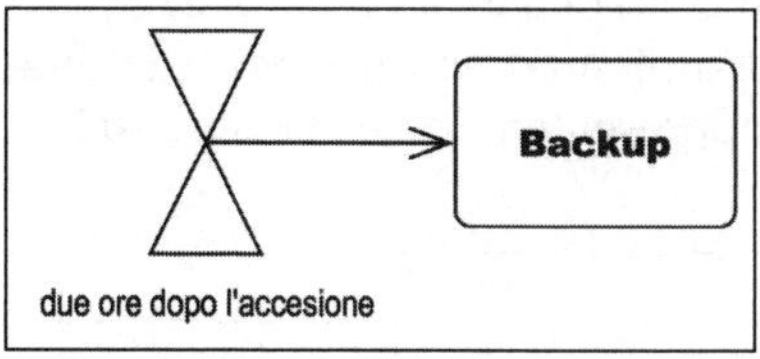

Figura 10.19 Un segnale temporale può essere legato a un evento.

Un'altra tipologia di intervallo temporale è relativa all'attesa di un determinato periodo di tempo, eventualmente in relazione a situazioni esterne. Questi casi si presentano spesso quando viene richiesta una elaborazione che richiede del tempo, per la quale non è possibile eseguire una invocazione asincrona. Per esempio, si immagini di voler produrre un documento PDF attraverso un motore esterno che si aspetta un file XML in un percorso condiviso concordato e che produca il relativo PDF in un'altra cartella. Al progettista è noto che questo processo richiede 2 minuti. Questo meccanismo fa uso di processi schedulati che agiscono in modo asincrono, quindi è necessario utilizzare un segnale temporale (Figura 10.20).

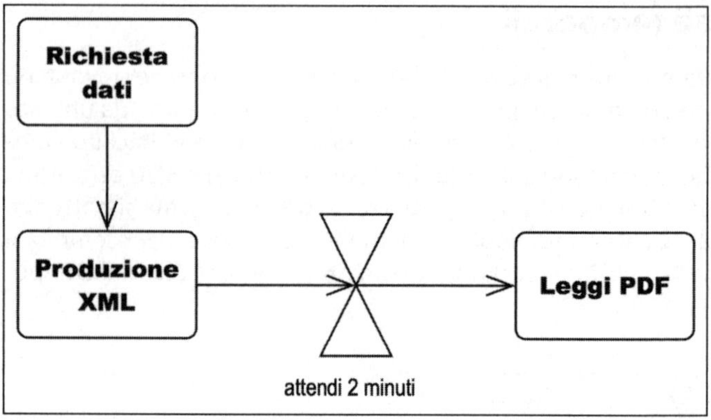

Figura 10.20 Un segnale temporale può essere utilizzato per descrivere un'attesa.

La notazione dei diagrammi di attività prevede anche la possibilità di indicare il presentarsi di eventi o la loro produzione. Per esempio, si consideri come funziona il servizio offerto da alcune Camere di Commercio italiane per ottenere documentazione pubblica sulle aziende. Per utilizzare questo servizio l'utente effettua una prenotazione e il sistema inizia l'elaborazione. Questa fase dura un certo periodo di tempo, al termine della quale viene inviato una mail di conferma dell'arrivo dei dati richiesti. Questa situazione può essere rappresentata come in Figura 10.21.

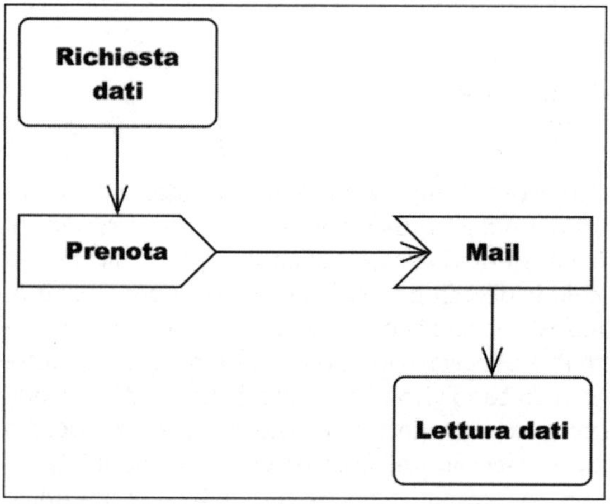

Figura 10.21 Invio e ricezione di segnali in un diagramma di attività.

Nel caso degli eventi presentati in Figura 10.21 si parla propriamente dell'invio e ricezione di segnali. La ricezione dei segnali è solitamente disegnata senza una freccia entrante, in quanto è semplicemente in attesa di un evento esterno. Nel caso della figura precedente, la presenza di una freccia in ingresso significa che il sistema non si porrà in ascolto di quel segnale se non quando questo sia stato attivato dal flusso.

Capitolo 11

Diagrammi di comunicazione

Nel Capitolo 3 sono stati descritti i diagrammi di sequenza, ed è stato mostrato come possano essere impiegati per rappresentare il comportamento dinamico di un sistema.

Anche i diagrammi di comunicazione ricadono nella categoria dei diagrammi di interazione e servono per evidenziare le informazioni scambiate tra i partecipanti, a differenza dei diagrammi di sequenza, che enfatizzano la sequenza di operazioni.

In un certo senso, si può dire che l'oggetto dei diagramma di sequenza sono le operazioni, mentre i dati sono l'oggetto dei diagrammi di comunicazione.

In un diagramma di comunicazione i singoli partecipanti sono rappresentati da riquadri, proprio come quelli presenti nei diagrammi di sequenza.

I partecipanti sono collegati tra di loro per mezzo di semplici linee, che indicano immediatamente l'associazione tra di loro. L'elemento visivo che consente di ricostruire la sequenza delle interazioni è dato da una numerazione progressiva presente nella descrizione della connessione, che, insieme a una freccia aperta che indica il verso della comunicazione, appare sopra la riga di connessione.

In Figura 11.1 è presente la rappresentazione attraverso diagramma di comunicazione del contenuto del diagramma di sequenza illustrato in Figura 3.1.

Si noti la presenza di una guardia in corrispondenza della comunicazione numero 1.1.1.1. Questa identifica la condizione di esecuzione dell'interazione, che nei diagrammi di sequenza viene rappresentata con un riquadro con un'etichetta in alto a sinistra.

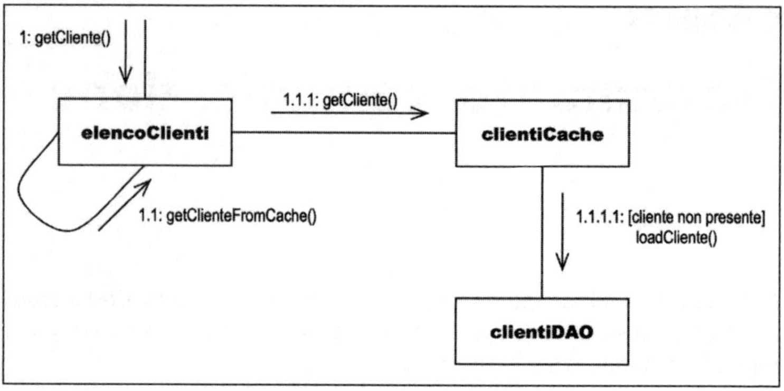

Figura 11.1 Un esempio di diagramma di sequenza.

Come mai ci sono due linee per ciascuna comunicazione? Non era possibile semplicemente mettere una testa di freccia sulla linea di connessione principale? In realtà, questa rappresentazione grafica ha un suo senso. Per prima cosa, la linea principale che connette i partecipanti è un chiaro segnale del fatto che questi due elementi sono in relazione l'uno con l'altro, un fatto che trascende la direzionalità della connessione. Assodato questo, risulta necessaria la presenza di un ulteriore elemento grafico che indichi la direzione di quella specifica comunicazione, requisito che viene espletato dall'ulteriore freccia sotto la descrizione dell'interazione.

La presenza di una numerazione nidificata, essendo questa una forma di struttura gerarchica, consente di definire la corretta appartenenza delle chiamate a una o all'altra operazione del partecipante. Volendo semplificare, dove questo sia fattibile, è possibile impiegare una numerazione progressiva non nidificata, numerando le interazioni da 1 a n.

I partecipanti possono rappresentare oggetti, e dunque seguono il formato `nome[: Tipo]` *descritto nei capitoli precedenti del libro. In Figura 11.1 le descrizioni dei partecipanti sono quindi nomi di oggetti.*

Un esempio più complesso

Abbiamo descritto gli elementi essenziali di un diagramma di comunicazione. Ora verranno utilizzati per disegnarne uno più complesso, e in particolare la riproposizione di quello della Figura 3.2. Il comportamento è molto simile a quello della figura precedente, anche se c'è un partecipante in più e c'è anche una guardia `[else]`. Il diagramma è illustrato in Figura 11.2.

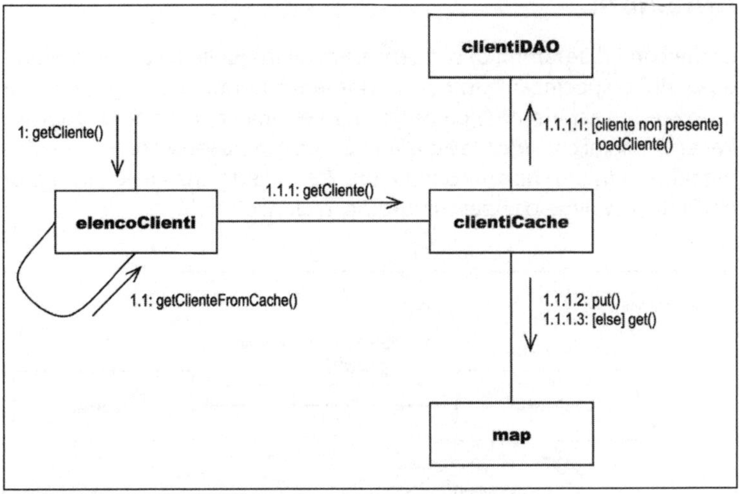

Figura 11.2 Diagramma di comunicazione corrispondente al diagramma di sequenza di Figura 3.2.

In questo caso l'interazione è più complessa, quindi è necessario fare molta attenzione alla numerazione. In questo caso la sequenza delle operazioni è la seguente:

1: getCliente()

1.1: getClienteFromCache()

1.1.1: getCliente()

se cliente non presente:

1.1.1.1: loadCliente()

1.1.1.2: put()

altrimenti:

1.1.1.3: get()

Questo tipo di algoritmo rende anche più esplicita la differenza logica tra connessione tra partecipanti e comunicazioni.

Per esprimere la logica di controllo sono state utilizzate guardie con condizioni espresse con linguaggio naturale. Come per i diagrammi di sequenza, questa è solo una delle opzioni possibili.

Iterazioni

Come con i diagrammi di sequenza, anche in quelli di comunicazione è possibile specificare un comportamento iterativo, semplicemente utilizzando l'asterisco (*) come prefisso di una condizione di guardia. Per esempio, si consideri la Figura 11.3, che è la trasposizione di quanto precedentemente riportato in Figura 3.3. Si vede che l'invocazione di getStato() avviene per ciascun ordine in elenco.

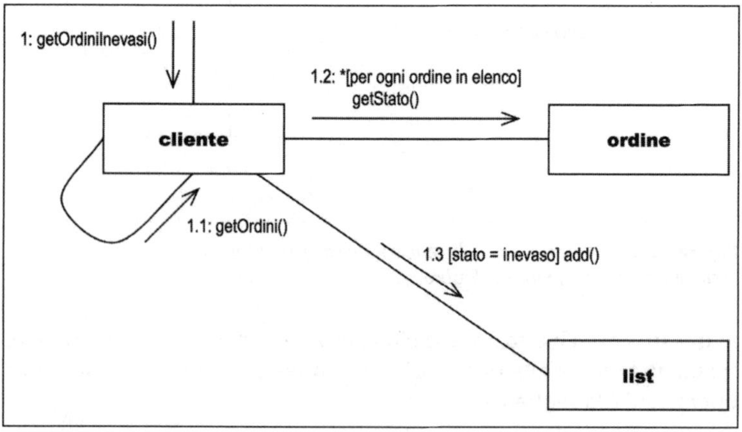

Figura 11.3 Un esempio di iterazione.

Associazioni temporanee

È possibile che una associazione tra due partecipanti sia temporanea, per esempio che valga solo per la durata di una invocazione di metodo. Tipicamente, questo si verifica con i parametri di chiamata e con le variabili locali. In questi casi, si disegna una associazione normale, a cui viene associata una parola chiave che ne descrive la tipologia. Per i parametri si indica «parameter», mentre per le variabili locali si indica «local». Un esempio è presentato in Figura 11.4, dove si entra nel dettaglio di quello che avviene durante una put() in una struttura dati di tipo HashMap. Semplificando, avviene una invocazione al metodo hashCode() sull'oggetto da inserire, che in questo caso è di tipo cliente. Questa interazione viene descritta dal diagramma, unitamente alla precisazione che il partecipante :Cliente è in realtà un parametro passato all'oggetto map.

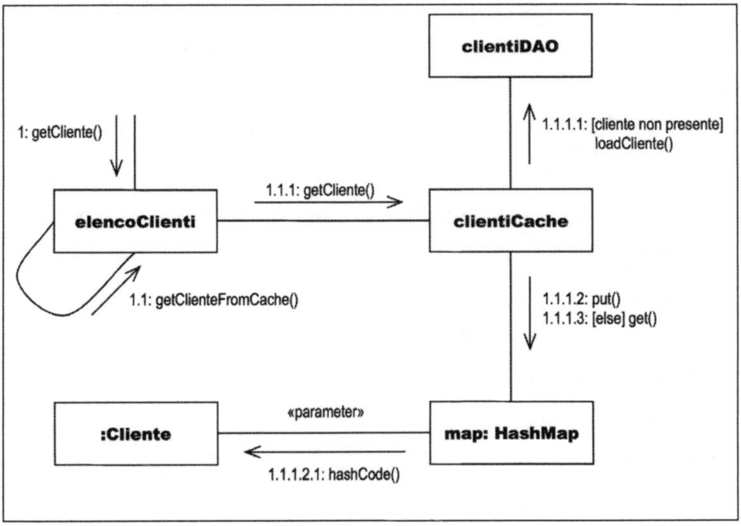

Figura 11.4 L'indicazione delle associazioni temporanee prevede l'uso di parole chiave.

Ciclo di vita

Nei diagrammi di comunicazione è possibile descrivere anche la creazione e la distruzione di oggetti, anche se non esiste un modo standard per farlo. Per questo motivo taluni propongono l'utilizzo di parole chiave sulle associazioni, come «create», «new», «delete» o «destroyed».

Un esempio si trova in Figura 11.5, i cui contenuti rispecchiano quelli della Figura 3.7. Dallo schema è chiaro che l'associazione tra MotoreMail e Messaggio prevede la creazione di una istanza di quest'ultimo.

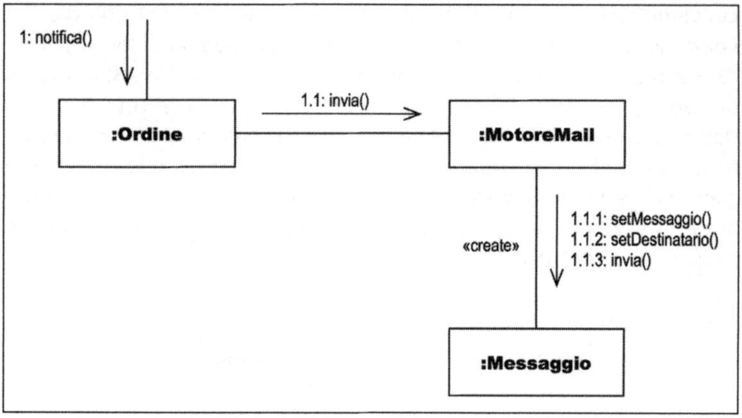

Figura 11.5 Utilizzo della parola chiave «create» per indicare l'istanziazione di un oggetto.

Le operazioni, sequenzialmente, prevedono i seguenti passaggi:

1: notifica()

1.1: invia()

creazione di un oggetto di tipo Messaggio

1.1.1: setMessaggio()

1.1.2: setDestinatario()

1.1.3: invia()

Capitolo 12

Diagrammi di temporizzazione

Con UML 2.0 sono state introdotte diverse modifiche e nuovi diagrammi. Quelli di temporizzazione fanno parte delle innovazioni della nuova versione dello standard, anche se non fanno altro che richiamare una tipologia di rappresentazione grafica già in uso nell'industria elettronica da diverso tempo. Come i diagrammi delle attività sono la riproposizione standardizzata dei diagrammi di flusso, anche i diagrammi di temporizzazione non sono altro che la riproposizione di un modo classico di rappresentare i segnali digitali.

In Figura 12.1 è presente un semplice esempio di questo tipo di diagramma che mostra lo stato di due linee digitali, A e B ed il risultato dell'operazione booleana di OR.

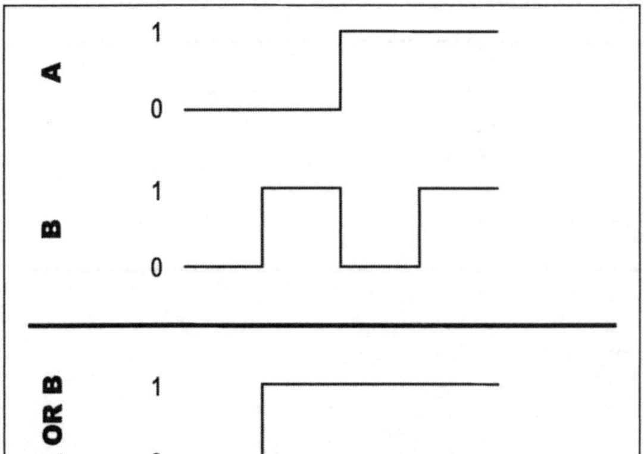

Figura 12.1 Un semplice diagramma di temporizzazione.

Le linee continue che salgono e scendono indicano dei cambiamenti nello stato del partecipante, indicato in verticale nella zona all'estrema sinistra del diagramma. Nel caso di segnali digitali, questi possono assumere solo i valori 0 e 1 (falso e vero); gli stati possibili sono indicati a destra del nome del partecipante, prima dell'inizio delle transizioni di stato.

In un sistema a oggetti i partecipanti sono veri e propri oggetti, quindi possono assumere stati diversi. Di conseguenza, le linee di transizione possono formare gradini di ampiezza diversa.

In Figura 12.2 è presente un esempio più complesso, che prevede tre partecipanti: un passaggio a livello, il semaforo a esso collegato e il treno sul relativo binario. Il passaggio a livello può essere aperto o chiuso: nel primo caso il passaggio delle auto è consentito e il treno deve essere ancora distante. Il semaforo è come di consueto a tre colori. Se è verde, le macchine possono passare; se è giallo, i conducenti devono prestare attenzione, in quanto il passaggio a livello si sta chiudendo.

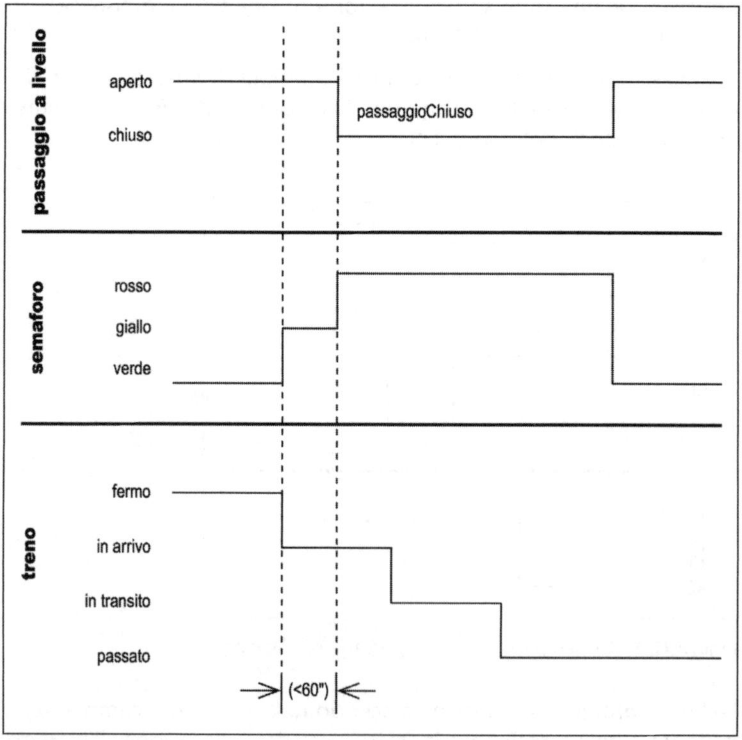

Figura 12.2 Coordinamento di tre partecipanti.

Si noti che il passaggio a livello possiede solo due stati aperto/chiuso, ma avrebbe potuto averne quattro: oltre a quelli presenti, anche in apertura/in chiusura. Per semplicità questi sono stati omessi.

Il treno ha quattro stati: se è fermo, il passaggio a livello può essere aperto e il semaforo verde. Se sta arrivando, il passaggio a livello è ancora aperto, ma è stato inviato dal sistema un segnale per la sua chiusura, non rappresentato in figura. Sempre mentre il treno è in arrivo, il passaggio a livello termina la chiusura e il semaforo diviene rosso. Poi il treno transita, e per tutta la durata dell'attraversamento, il passaggio a livello è chiuso e il semaforo rosso. Quando il treno è passato, il sistema invia un messaggio di apertura al passaggio a livello, che si apre e che rende verde il semaforo.

Nella Figura 12.2 sono presenti alcuni elementi nuovi. Per prima cosa, si noti l'etichetta `passaggioChiuso` in alto, che fornisce un identificatore a un particolare evento che si verifica nel sistema.

In secondo luogo, è presente un vincolo temporale in basso, che impone la durata massima della transizione di stato indicata. Per maggior chiarezza, la durata stessa si delimita con linee tratteggiate che corrono per tutta l'altezza del diagramma. In realtà queste linee, sono opzionali.

Un diagramma di temporizzazione può essere rappresentato utilizzando due stili. Il primo, più semplice, è quello mostrato nelle prime due figure di questo capitolo, ed è indicato quando i partecipanti hanno un numero di stati limitato, indicativamente dai due ai quattro. Il secondo stile utilizza un lungo rettangolo che contiene il nome dello stato attuale e che al suo interno contiene il nome dello stato. La Figura 12.3 è la rappresentazione con questo stile del diagramma in Figura 12.2.

Il secondo stile, come si può notare osservando le figure, risulta più compatto in termini di occupazione verticale di spazio. Si sviluppa però in orizzontale. Per esempio, si osservi la transizione di stato relativa allo stato *giallo*. La relativa sezione potrebbe essere in effetti più ampia. In questo caso l'occupazione orizzontale del diagramma avrebbe superato quella della Figura 12.2.

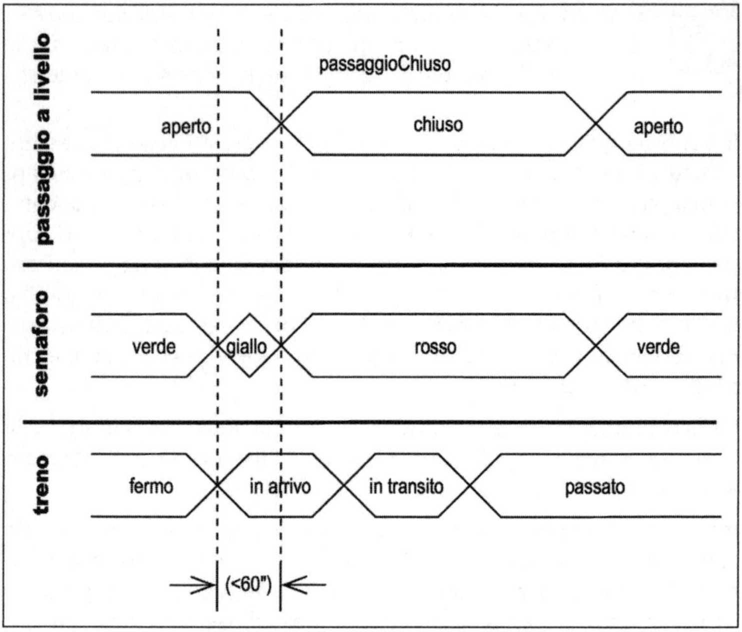

Figura 12.3 Uno stile alternativo per i diagrammi di temporizzazione.

Capitolo 13

Diagrammi di interazione generale

I diagrammi di interazione generale si utilizzano per offrire una panoramica ad ampio raggio dell'interazione tra i diversi partecipanti di un sottosistema o applicazione. La particolarità di questi diagrammi è che non introducono alcun elemento grafico nuovo, ma impiegano ancora quelli descritti nei precedenti capitoli.

Come struttura generale, i diagrammi di interazione generale ricalcano i diagrammi di attività, ma i singoli nodi possono essere espansi per contenere altri tipi di diagrammi di interazione, come diagrammi di sequenza, di comunicazione o di temporizzazione. Addirittura, è possibile annidare altri diagrammi di interazione generale.

Un diagramma di interazione generale comincia con un nodo di inizio, rappresentato da un cerchio pieno. Termina con un nodo di fine, rappresentato da un cerchio pieno racchiuso in uno vuoto. Al suo interno è possibile trovare controlli decisionali, rappresentati dai consueti rombi.

L'elemento principale del diagramma è però il riquadro di interazione, caratterizzato da una etichetta in alto a sinistra. Graficamente, è lo stesso riquadro impiegato per implementare condizioni e cicli nei diagrammi di sequenza.

Quanto descritto nell'etichetta indica il tipo di contenuto, Le possibilità sono le seguenti:

- `ref`. Il riquadro contiene un riferimento a un altro diagramma;
- `sd`. Il riquadro contiene un diagramma di sequenza;
- `cd`. Il riquadro contiene un diagramma di comunicazione;
- `td`. Il riquadro contiene un diagramma di temporizzazione;
- `iod`. Il riquadro contiene un diagramma di interazione generale.

Nei diagrammi di interazione generale è possibile anche utilizzare le barre di fork e join, con la stessa semantica descritta nel Capitolo 10.

In Figura 13.1 c'è un esempio di questo tipo di diagramma, all'interno del quale è descritto il seguente algoritmo:

1. ottieni l'ordine richiesto dalla base dati, impiegando un meccanismo di caching per ottimizzare le prestazioni.
2. Verifica la disponibilità dei relativi prodotti a magazzino.
3. In caso questi siano presenti invia un mail di conferma al cliente.
4. In caso i prodotti manchino, annulla l'ordine.

Il punto 1 viene realizzato da un diagramma di comunicazione che mostra le interazioni tra l'oggetto preposto a gestire l'elenco degli ordini, la relativa cache e l'oggetto di accesso ai dati.

I punti 2 e 4 non sono altro che rimandi ad altri diagrammi, in quanto non sono sviluppati, ma marcati con l'identificativo `ref`.

Il punto 3 viene sviluppato da un diagramma di sequenza, che mostra come l'oggetto `Ordine` utilizzi `MotoreMail` per l'invio di un messaggio di posta.

I diagrammi di interazione generale sono molto interessanti e completi, ma richiedono molto spazio per poter essere disegnati. Un approccio più parsimonioso in termini di occupazione potrebbe essere quello di offrire una visione generale con un diagramma di attività ad alto livello, disegnando a parte i relativi approfondimenti.

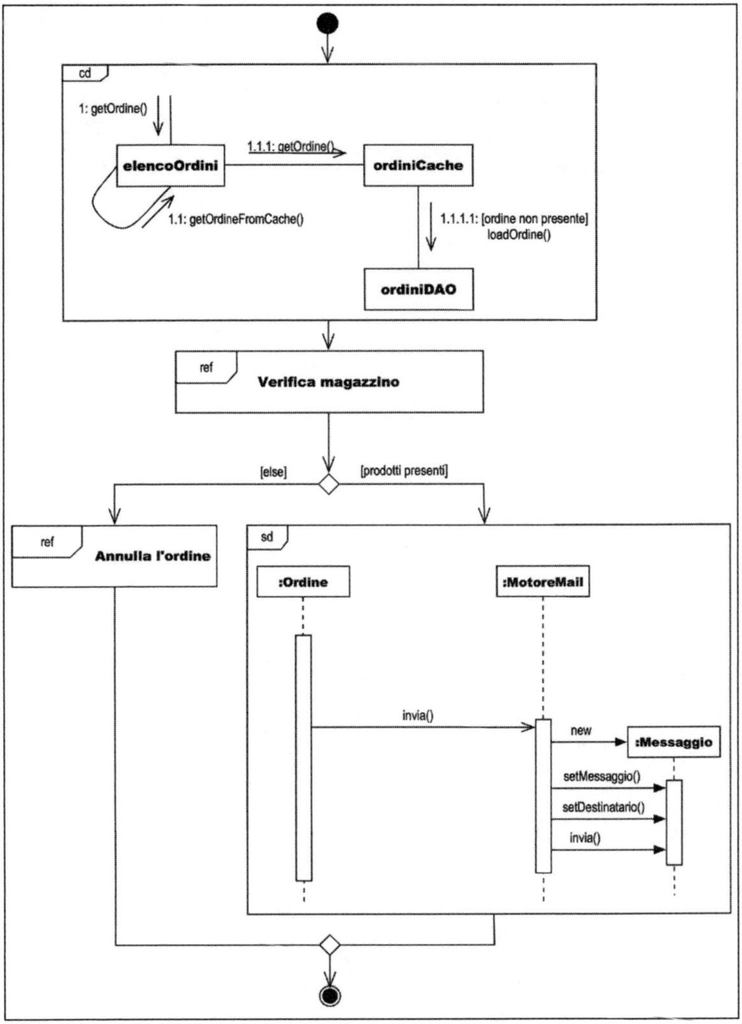

Figura 13.1 Un esempio di diagramma di interazione generale.

Capitolo 14

Diagrammi di composizione

Un aspetto dei diagrammi di composizione è già stato mostrato nel Capitolo 6, dedicato ai diagrammi dei componenti e, in particolare, in merito alla rappresentazione degli elementi interni di un componente.

I diagrammi di composizione, infatti, permettono di descrivere la struttura interna di componenti, ma anche di altri elementi, come classi e casi d'uso. Inoltre, offrono alcuni elementi grafici per descrivere la relazione di collaborazione tra componenti o classi.

Per questo motivo è possibile entrare nel dettaglio di una classe con gli stessi elementi grafici descritti nel Capitolo 6, in merito ai componenti. Nella fattispecie, è possibile utilizzare i connettori a lecca-lecca per indicare le interfacce richieste e offerte dalla classe, oppure indicare il contenuto di una classe in termini, per esempio, di classi interne.

Ma l'elemento grafico peculiare dei diagrammi di composizione è l'ovale tratteggiato, che viene impiegato per descrivere una collaborazione. Questa raccoglie gli elementi necessari allo svolgimento di una determinata attività, e solo quelli.

Per esempio, si consideri la funzionalità di acquisizione, verifica dell'ordine e invio di un mail di conferma e rifiuto. Si può ipotizzare che le classi coinvolte in questa attività siano:

- Ordine;
- Prodotto;
- Magazzino;
- MotoreMail.

Il diagramma relativo è illustrato in Figura 14.1.

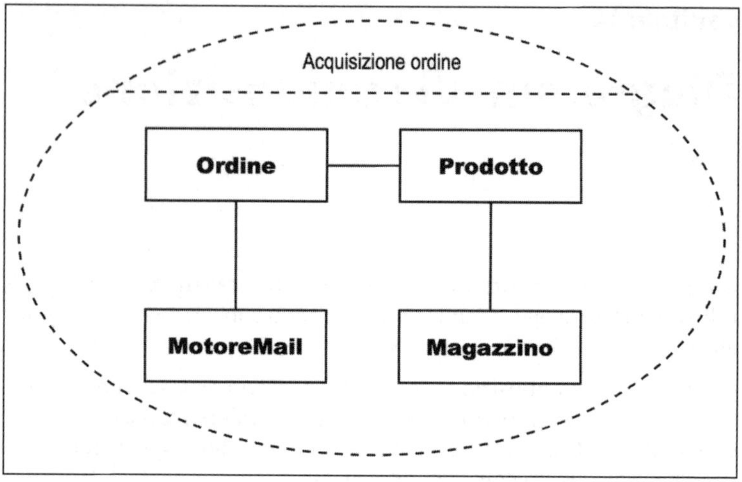

Figura 14.1 Un semplice diagramma di composizione che mostra la relazione tra alcuni elementi di una funzionalità.

In Figura 14.2 è presente una variante dello stesso diagramma, che impiega in modo diverso l'ovale di collaborazione.

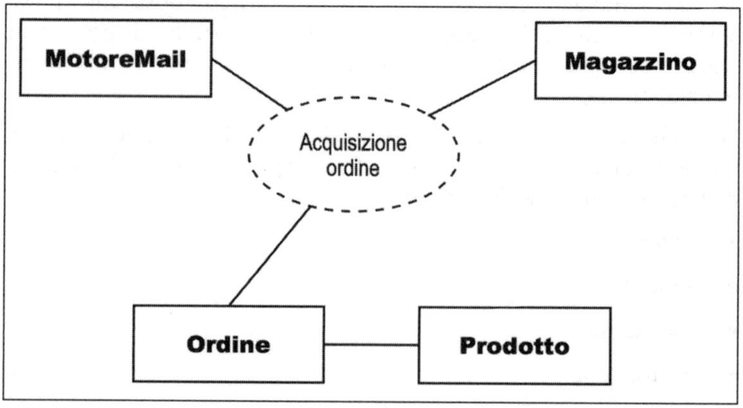

Figura 14.2 Una variante grafica del diagramma della figura precedente.

In un diagramma di composizione si possono includere classi, componenti o casi d'uso. Questi elementi sono identificati in modo generico come *classificatori*.

Collaborazioni e dipendenze

Nei diagrammi di composizione è possibile utilizzare frecce di dipendenza per associare i classificatori alle collaborazioni. Per esempio, in Figura 14.3 viene illustrato come la *Acquisizione ordine* realizza il caso d'uso omonimo.

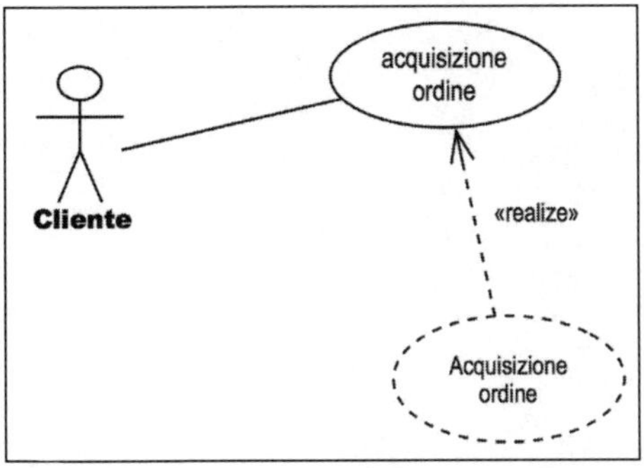

Figura 14.3 Dipendenza di realizzazione tra collaborazione e caso d'uso.

Altre parole chiavi utilizzabili in questo contesto sono:

- *Role binding*. La collaborazione soddisfa un determinato ruolo.
- *Represents*. La collaborazione è utilizzata dal classificatore.
- *Occurrence*. Lla collaborazione rappresenta il classificatore; in altre parole, la collaborazione è una occorrenza del classificatore.

Appendice A

Evoluzione di UML

Come accennato nell'introduzione, UML è il risultato di una evoluzione che ha portato i numerosi (più di 50) metodi di modellazione orientata agli oggetti, presenti nel 1994, ad essere fusi in uno standard universale. La prima versione di UML fu resa disponibile nel 1997, e sottoposta all'OMG per la standardizzazione. Oggigiorno siamo arrivati alla versione 2.0, attraverso un lungo un percorso che ha visto il rilascio di alcune revisioni intermedie, che hanno in alcuni casi chiarificato, integrato o modificato le specifiche dello standard.

In questo breve appendice viene illustrata la cronistoria delle modifiche a UML.

Versione	Descrizione
1.0	(Gennaio 1997) Rilascio iniziale.
1.1	(Settembre 1997) Modifica della semantica del vincolo `{complete}`. Nella composizione, non è più implicata l'immutabilità del partecipante. `{frozen}` non si può applicare ad attributi e classi. Introduzione delle linee tratteggiate per i ritorni nel diagrammi di sequenza, al posto di una linea continua con una mezza freccia alla fine. L'uso del termine *ruolo* viene esteso. Vale anche nelle collaborazioni (in questo caso si parla *di ruolo della collaborazione*) e non solo nelle associazioni (dove per indicare il ruolo ora si dice *ruolo di un'associazione*).
1.2	(Luglio 1998) Correzione refusi del testo ed errori grammaticali.

(continua)

1.3	(Fine 1998) Modifiche alle relazioni tra i casi d'uso. UML 1.1 prevedeva «`uses`» ed «`extends`», mentre la versione 1.3 ne ridefinisce il significato ed elimina «`uses`», introducendo la generalizzazione tra casi d'uso. È necessario fare molta attenzione perché la nuova parola chiave «`includes`» ha lo stesso significato prima attributo a «`uses`», mentre l'«`extends`» della versione 1.1 è stata suddivisa in «`extend`» e nella nuova generalizzazione dei casi d'uso. Ulteriori modifiche sono state applicate ai diagrammi delle attività, supportando in modo più esplicito il comportamento condizionale. La barra di sincronizzazione viene chiamata in modo diverso nel momento della suddivisione in rami diversi e nel momento del loro ricongiungimento. Inoltre sono stati eliminati i trigger multipli, e sono state fatte altre modifiche.
1.4	(Settembre 2001) Le due modifiche significative di questa versione sono l'aggiunta dei profili e degli elaborati. È stata poi introdotta la visibilità a livello di package, ed è stato modificato il significato della punta di freccia nei diagrammi di interazione.
1.5	(2002) È stata aggiunta la semantica delle azioni
2.0	(Agosto 2003) Introduce cambiamenti rilevanti in merito ai diagrammi di classe, di sequenza, di attività e macchina a stati. Nei diagrammi di classe le associazioni unidirezionali ora sono una semplice alternativa al classico modo di rappresentare le proprietà. Sono state abolite le molteplicità discontinue (p.e. [2, 4]) e le parole chiave «`frozen`», «`parameter`» e «`local`». Nei diagrammi di sequenza sono stati introdotti i riquadri di interazione per gestire il controllo del flusso, come le iterazioni e i salti condizionali. I riquadri in alto non rappresentano più *oggetti*, ma più in generale, *partecipanti*. Gli stereotipi sono stati definiti in modo più preciso e vincolante. I diagrammi di attività non sono più casi speciali dei diagrammi di macchina a stati e sono state introdotte diverse nuove notazioni.

Tabella A.1 Evoluzione di UML.

Appendice B

Object Constraint Language

Nel corso del libro talvolta è stato fatto uso di vincoli, che sono stati espressi alle volte in modo formale. UML 2.0 dispone di un linguaggio di specifica formale per l'indicazione dei vincoli, l'Object Constraint Language, abbreviato in OCL.

Inizialmente, questo linguaggio fu proposto come semplice estensione di UML, ma con la versione 2.0 è entrato a farne parte in modo ufficiale e strutturale. Oltre a essere impiegato in UML, OCL è fondamentale anche per altre tecnologie sviluppate da OMG, il consorzio internazionale che si occupa di mantenere ed evolvere UML.

Object Constraint Language è dunque un elemento importante dello standard, anche se lo si può considerare una caratteristica avanzata, da cui in effetti si può prescindere. Da qui la scelta di approfondirlo solo in un appendice del testo.

OCL è stato ideato principalmente da Jos Warmer e Anneke Kleppe e deriva da un linguaggio precedente, Syntropy. Il nucleo del linguaggio sembra derivato dal calcolo dei predicati e consente di specificare condizioni logiche. Non è dunque un linguaggio procedurale, che consente la realizzazione di algoritmi, ma permette la specifica di asserzioni, o espressioni logiche, che in UML vengono utilizzate come vincoli.

Il linguaggio OCL è completamente dichiarativo. Non ha quindi effetti secondari sullo stato degli oggetti coinvolti nel sistema. In altre parole, consente di specificare logica di controllo o interrogazione, ma non azioni che devono essere intraprese dal sistema.

Essendo una tecnologia relativa al mondo degli oggetti, le espressioni che è possibile creare in OCL consentono di includere riferimenti allo stato degli oggetti e alle loro operazioni. Le espressioni create con OCL restituiscono un valore booleano, anche se sono disponibili alcuni operatori che restituiscono collezioni.

L'elemento importante è che OCL consente di specificare in modo preciso e non ambiguo condizioni che possano essere capite in modo univoco sia da parte dei tecnici che dagli esperti funzionali. In questo modo OCL permette di specificare informazioni che valicano il confine tra il mondo tecnico e quello del business.

Con il linguaggio possibile specificare:

- invarianti;
- precondizioni;
- postcondizioni;
- espressioni su collezioni;
- descrizione attributi derivati;
- valori iniziali degli attributi.

Invarianti

Una invariante è una condizione che deve sempre essere specificata, per ognuna delle istanze della classe che si sta analizzando. Con OCL è possibile specificare invarianti semplici, che considerano una singola classe, oppure su collezioni. In questo caso è possibile prendere in considerazione attributi che abbiano molteplicità superiore a 1.

Una invariante semplice prende in considerazione uno o più attributi di una classe per specificare una espressione booleana; la sua sintassi è la seguente:

```
context NomeClasse inv: Espressione
```

dove:

- `NomeClasse` è il nome della classe da considerare;
- `Espressione` è il vincolo che si vuole specificare.

Per esempio, si ipotizzi di voler indicare che il valore di un prestito richiesto non può essere minore o uguale a zero. Se la classe che gestisce questa funzionalità si chiama `Prestito`, si può scrivere:

```
context Prestito inv: importo>0
```

Si noti che le parole chiave `context` e `inv:` sono costanti e si ripetono in ciascuna specifica di invariante. La prima indica il contesto sulla quale opera l'espressione, che in questo caso è una classe. L'indicazione `inv:` invece specifica che si tratta di una invariante.

Precondizioni e postcondizioni

Nel corso del testo si è già parlato di invarianti, precondizioni e postcondizioni. Rispettivamente, queste ultime due specificano condizioni che devono essere vere prima e dopo l'esecuzione di una operazione su una classe. Insieme alle invarianti, consentono di programmare utilizzando la filosofia *Design by Contract*.

La specifica di pre e post condizioni in Object Constraint Language avviene con una sintassi molto simile alle invarianti. L'unica differenza è la presenza delle parole chiave `pre` e `post` invece di `inv`.

Per esempio, si consideri la necessità di specificare vincoli relativi al prelievo di denaro contante da un conto corrente. Si potrebbe desiderare di implementare due controlli: per prima cosa, l'importo da prelevare dovrà essere maggiore di zero; in secondo luogo, il saldo risultante non potrà essere minore di zero (ovviamente qui non si sta considerando la possibilità di avere un fido sul conto corrente, ovvero la possibilità di andare in rosso di un importo predefinito). Le due condizioni si possono esprimere come segue:

```
context ContoCorrente::preleva(importo:Real)
pre: importo >= 0

context ContoCorrente::preleva(importo:Real)
post: saldo > 0
```

Si noti come il contesto di queste espressioni non sia più la semplice classe, in questo caso `ContoCorrente`, ma un'operazione della stessa: `preleva()`. Il nome della classe è separato dell'operazione dal simbolo dei due punti (:).

Nello specificare le espressioni di post-condizione è possibile impiegare due simboli speciali:

- `@pre`: questo simbolo, applicato al nome di un attributo, consente di riferirsi al valore che questo aveva prima dell'esecuzione dell'operazione.

- `result`: indica il valore ritornato dall'operazione. Per esempio, il metodo `preleva()` potrebbe non restituire valori, oppure ritornare il saldo attuale del conto.

Per esempio, la postcondizione precedente, nel caso l'operazione ritorni il saldo attuale, si potrebbe scrivere come segue:

```
context ContoCorrente:: preleva(importo:Real): Real
post: result > 0
```

Si noti come in questo caso viene indicato che il metodo `preleva()` restituisce un valore di ritorno di tipo reale.

Collezioni

Per poter gestire le collezioni, che sono in sostanza attributi con molteplicità superiore a 1, sono disponibili alcuni operatori specifici. Alcuni esempi di collezioni possono essere: gli intestatari di un conto corrente, le parti che compongono una autovettura, gli alunni di un corso di coltivazione di bonsai.

In OCL sono disponibili tre tipi di collezioni:

- *Set*. Uno stesso oggetto può essere contenuto una volta sola; gli oggetti non sono in nessun ordine specifico.
- *Bag*. Uno stesso oggetto può essere contenuto più volte; gli oggetti non sono in nessun ordine specifico.
- *Sequence*. Un stesso oggetto può essere contenuto più volte; gli oggetti sono contenuti in un ordine specifico.

Dimensione

Per ottenere il numero di elementi che compongono una collezione è possibile utilizzare l'operatore `->size()`. Per esempio, è possibile indicare che un oggetto di tipo `Motocicletta` può essere composto solo da due ruote:

```
context Motocicletta inv: ruote->size() = 2
```

Se si desidera solo indicare che una la collezione debba essere vuota o meno è possibile utilizzare gli operatori `->isEmpty()` e `->notEmpty()`.

Condizioni sui figli

In alcuni casi può essere necessario esprimere una condizione che coinvolga gli attributi di tutti gli elementi figli presenti all'interno di una condizione. Per esempio, si potrebbe voler specificare che tutti gli intestatari di un conto corrente debbano essere maggiorenni. In questo caso si potrebbe scrivere:

```
context ContoCorrente inv: intestatari->forAll(
    intestatario:Soggetto ¦ genitore.età > 18)
```

Qui le cose si fanno più complesse. Per prima cosa è necessario osservare che la possibilità di valutare una espressione sui singoli componenti di una collezione è data dall'operatore `->forAll()`. Tra parentesi si trova l'espressione da valutare, che però trova come prefisso una dichiarazione che indica il tipo degli elementi della collezione. In questo caso il tipo è `Soggetto`, che una classe del modello collegata a `ContoCorrente`. La variabile che contiene il soggetto attuale è identificata come `intestatario`. In questo modo si crea una sorta di sottocontesto, da utilizzare per specificare l'espressione annidata.

Esistenza

Attraverso l'operatore `->exists()` è possibile ottenere un valore booleano che indichi se all'interno della collezione è presente almeno un elemento che soddisfa una determinata condizione. Per esempio, si ipotizzi che un sito di acquisto di libri online offra la spedizione gratuita nel caso vengano ordinati prodotti in promozione. In questo caso non è possibile specificare una modalità di spedizione diversa da standard. Si potrebbe esprimere questo vincolo come segue:

```
context Ordine inv:
    tipo_spedizione = 'std' and
    prodotti->exists(promozione=true)
```

Selezione

Un operatore simile a `->exists()` è `->select()`. Questo consente di ritornare una estrazione della collezione che contiene solo gli elementi che soddisfano una determinata condizione. Per esempio, si consideri di voler operare solo sui prodotti che sono disponibili a magazzino, procedendo con l'elaborazione dell'ordine solo in quel caso. Si potrebbe indicare questa precondizione:

```
context Ordine::elabora()
pre: prodotti->select(disponibile=true)->size() > 0
```

L'operazione inversa a `->select()` è `->reject()`, che ritorna una collezione con tutti gli oggetti che non soddisfano l'espressione indicata.

Se si desidera indicare che deve esistere esattamente un oggetto che soddisfa la condizione, è possibile utilizzare l'operatore `->one()`.

Inclusione ed esclusione

L'operatore `->includes()` ritorna `true` o `false` in funzione del fatto che una certa collezione includa o meno uno specifico oggetto. Per esempio, si ipotizzi di voler verificare che l'operazione di aggiunta di un prodotto a un ordine, non aggiunga lo stesso prodotto due volte (in quel caso ne andrebbe infatti variata la quantità). Si potrebbe scrivere:

```
context Ordine::add(prodotto: Prodotto)
pre: not prodotti->includes(prodotto)
```

Un operatore simile a `->includes()` è `->includesAll()`, che ritorna `true` solo nel caso in cui tutti gli oggetti della collezione passata come parametro sono presenti nella collezione in esame.

L'operatore `->excludes()` è l'opposto di `->includes()`: ritorna `true` se l'oggetto indicato non è presente nella condizione, o `false` altrimenti.

Altri operatori

Quelli qui descritti non sono gli unici operatori disponibili in Object Constraint Language, altri sono riassunti in Tabella B.1.

Operatore	Descrizione
`iterate(espressione)`	L'espressione viene valutata per ciascun elemento della collezione.
`sum(collezione)`	Ritorna la somma degli elementi della collezione attuale con quella passata come parametro.
`sortedBy(espressione)`	Ritorna una *sequence* di tutti gli elementi nella collezione nell'ordine specificato (l'espressione deve contenere l'operatore <).

Tabella B.1 Altri operatori disponibili per tutte le collezioni presenti in OCL.

Si noti che le specifiche collezioni disponibili in OCL definiscono degli operatori aggiuntivi, specifici per la natura della singola tipologia di struttura dati.

Valori iniziali

Con OCL è possibile indicare anche i valori iniziali degli attributi utilizzando la parola chiave `init`. Per esempio, se si desiderasse indicare che il valore iniziale di un conto corrente è zero sarebbe possibile scrivere:

```
context ContoCorrente::saldo::Real init: 0
```

Altri elementi di sintassi

Nei paragrafi successivi verrà completata la trattazione dell'Object Constraint Language descrivendo alcuni ulteriori elementi di sintassi, come i commenti, i tipi di dati e gli operatori supportati.

Commenti

In OCL i commenti si indicano con due segni meno. Il commento continua fino alla fine della riga. Per esempio:

```
-- verifica che con i prodotti promozionali
-- il tipo di spedizione sia solo standard
--
context Ordine inv:
    tipo_spedizione = 'std' and
    prodotti->exists(promozione=true)
```

Oggetto attuale

In Object Constraint Language è possibile utilizzare la parola chiave `self` per riferirsi all'oggetto corrente. Questa è simile a `this` di Java o `Me` di Visual Basic.

Tipi di dati

In Object Constraint Language è possibile utilizzare alcuni tipi di dato di base, riassunti nella Tabella B.2.

Tipo	Descrizione	Note
`Integer`	Numero intero di qualsiasi dimensione.	
`Real`	Numero decimale di qualsiasi dimensione.	
`String`	Stringa di caratteri.	
`Boolean`	Valore booleano.	Può assumere i valori `True` o `False`.

Tabella B. 2 Tipi di dati supportati da OCL.

Alcuni esempi di utilizzo sono i seguenti:

```
id: Integer
lunghezza: Real
ragioneSociale: String
flag: Boolean
```

Operatori

Ovviamente, un linguaggio privo di un completo insieme di operatori in grado di consentire la creazione di un ricco insieme di condizioni, sarebbe privo di utilità. Per questo motivo Object Constraint Language dispone di un numero notevole di operatori, per ciascuno dei tipi di dato gestiti.

Operatore	**Descrizione**
=	uguaglianza
<>	disuguaglianza
<	minore
>	maggiore
<=	minore o uguale
>=	maggiore o uguale
+	somma
-	differenza
*	moltiplicazione
/	divisione
`a.div(b)`	divisione intera
`a.mod(b)`	modulo
`a.abs`	valore assoluto
`a.max(b)`	massimo
`a.min(b)`	minimo
`a.round`	arrotondamento all'intero più vicino
`a.floor`	arrotondamento all'intero inferiore

Tabella B.3 Operatori su tipi numerici.

Operatore	**Descrizione**
`a.concat(b)`	concatenazione
`a.size()`	lunghezza

(continua)

`a.toUpper()`	trasforma a tutte maiuscole
`a.toLower()`	trasforma a tutte minuscole
`a.substring(n,m)`	ritorna la sottostringa dal carattere n-esimo al carattere m-esimo
`=`	uguaglianza
`<>`	disuguaglianza

Tabella B.4 Operatori su stringhe.

Operatore	**Descrizione**
`or`	or logico
`and`	and logico
`xor`	or esclusivo
`not`	not logico
`=`	uguaglianza
`<>`	disuguaglianza
`a implies b`	implicazione
`if a then b else c`	alternativa (if-else)

Tabella B.5 Operatori booleani.

Appendice C

Risorse online

In questo appendice sono elencati alcuni siti di interesse, in inglese, per approfondire lo standard UML.

OMG

Collegamento: `http://www.uml.org/`

L'organizzazione OMG (Object Management Group) si occupa di sviluppare e mantenere le specifiche di UML. Sul sito relativo è possibile accedere alle specifiche complete e a risorse di supporto.

IBM

Collegamento: `http://www-306.ibm.com/software/rational/uml/`

Rational, azienda poi acquistata da IBM, è stata l'organizzazione che per prima ha raccolto le competenze tecniche che hanno portato alla realizzazione di UML. Sul sito di supporto è possibile trovare tutorial di base, forum e strumenti software.

Wikipedia

Collegamento:
`http://en.wikipedia.org/wiki/Unified_Modeling_Language`

Pagina di Wikipedia dedicata a UML. Include collegamenti ad approfondimenti sui singoli diagrammi e una interessante sezione dedicata alle critiche che la comunità rivolge a UML.

Cetus Links (UML)

Collegamento: `http://www.cetus-links.org/oo_uml.html`

Cetus è un sito che raccoglie migliaia di collegamenti a pagine Web relative alla programmazione orientata agli oggetti ed ai componenti. Anche la pagina relativa a UML è ben nutrita di riferimenti.

UML Forum

Collegamento: `http://www.uml-forum.com/`

Questo forum è il punto di riferimento per una comunità di utenti di UML e dispone di una serie di risorse, tra cui anche blog, oltre a una serie di forum gestiti via mailing-list.

Agile Modeling

Collegamento: `http://www.agilemodeling.com`

Scott Ambler è un noto e prolifico autore e consulente nell'area Java, programmazione a oggetti, UML e processi di sviluppo (agili e non). Nei suoi siti è possibile trovare diverso materiale, anche se in molti casi non approfondito, in quando si rimanda all'acquisto dei suoi libri.

UML Bliki di Martin Fowler

Collegamento: `http://www.martinfowler.com/bliki/uml.html`

Martin Fowler è un esperto di UML e non solo. È noto anche per aver inventato il *refactoring* e per importanti libri sui Design Pattern. Il suo blog (che in realtà è un bliki, mistura di blog e wiki) dispone anche di un canale relativo a UML in cui è possibile trovare alcuni approfondimenti.

UMLWiki

Collegamento: `http://umlwiki.org/index.php?title=Main_Page`

Wiki dedicato a UML con ben 411 articoli (in lingua inglese). Purtroppo questi sono solo degli abbozzi, quando invece Wikipedia offre descrizioni più dettagliate e diagrammi di esempio. È però un sito da tenere sotto controllo nel futuro, perché potrebbe diventare prezioso.

Indice analitico

Simboli

A

B

C

D

E

F

G

H

I

J

L

M

N

O

P

R

S

T

U

V

W

X